크리스천을 위한 현실감각 연애법

사랑은 다큐다

HER⧖ON

일러두기_본문에 인용한 성경은 킹제임스 흠정역 400주년 기념판(그리스도예수안에 刊)입니다.

크리스천을 위한
현실감각 연애법

사 랑 은 다 큐 다

김재욱 지음

HERMON

어두운 등잔 밑을 밝혀주는 이야기

연애와 결혼이 점점 힘들어지는 시대…. 크리스천의 세계로 오면 더욱 조건이 까다로워지고, 신앙까지 맞아야 하기 때문에 고민이 깊어진다.

김재욱 작가의 칼럼을 〈크리스천투데이〉에 일주일에 한 번씩 연재하고 있는데 좋은 반응을 얻으며 읽히고 있다. 크리스천 젊은이들이 고민하는 주제들과 함께 평소 너무 익숙해서, 등잔 밑이 어두워 잘 생각하지 못했던 것들을 다루기 때문에 독자들의 공감을 얻는 것 같다.

이번에 『연애는 다큐다』에 이어 『사랑은 다큐다』가 출간된다는 소식에 반가운 마음으로 추천한다. 김 작가의 칼럼들은 실생활에서 만날 수 있는 주제들을 위트와 함께 쉽게 다루면서도 깊이와 진지함을 잃지 않으며, 성경적 결론을 위해 고민한 흔적이 엿보이는 내용이다. 다양한 분야에서 일하고 글을 써 온 경험이 드러나는 것 같다.

사랑이 다큐처럼 실제적이어야 한다고 말하는 이 책은 젊은 크리스천 청년들은 물론 부부들에게도 도움이 되고, 어린 학생들이 보아도 좋을 만큼 건전하고 유익하다. 사랑에 지나친 환상을 지닌 사람도, 사랑에 절망해 더는 로맨스를 꿈꾸지 않는 사람도 이 책을 읽는 동안 주님 안에서 작은 희망과 위로를 발견할 수 있으리라 믿는다.

이대웅 편집국장 _크리스천투데이

| 사랑의 막연함에 실마리를 제시하는 책

결혼 전 연애의 달콤한 환상에 젖어 있었다 해도 결혼 후에는 쉽지 않은 현실을 맞닥뜨릴 일이 많다. 연애 초반에 환상을 갖고 접근하는 것이 사랑이지만 관계가 깊어지고 현실적인 부분에 부딪히다 보면, 사랑은 '다큐'라는 사실에 적극 공감하게 된다.

이 책은 환상이 아닌 현실과 일상에서 만나는 막연함에 대한 해답을 통해 저자의 지혜를 들여다 볼 수 있는 책이다. 특히 우리나라에서 여성으로 산다는 것이 만만치 않은 일임을 자주 느끼게 되는데, 이런 불합리하고 답답한 상황에 대해서도 이 책은 문제를 현실적으로 짚어 주고 있다. 여성에 대한 사회적 배려와 남자의 아량을 강조함과 동시에, 성경적 여성관이 생각보다 훨씬 부드럽고 따스하다는 것을 알게 한다.

영원히 풀기 어려운 남녀 사이의 문제에 특별한 정답은 없겠지만 답이 있는데도 해답을 찾지 못하는 경우가 많다. 그럴 때 이 책『사랑은 다큐다』를 보면 연애와 사랑을 너무 막연하게 볼 필요는 없다는 생각이 들 것이다. 의외로 많은 생각을 정리할 수 있다.

저자를 알게 된 것은『나는 아빠입니다』라는 에세이집을 통해서였다. 크리스천으로서, 또 평범한 아빠로서 진솔하게 쓴 이야기를 라디오 청취자들에게 소개하기 위해 인터뷰를 진행하는 동안 저자의 솔직 담백한 고백 속에서 삶의 깊이를 느낄 수 있었다.

이번에 연애와 결혼에 관한 의미 있는 책이 나온 것을 축하하면서 주변에 널리 권하고 싶다. 목차의 제목들만으로도 삶과 밀접한 주제들임을 알 수 있는 다양한 칼럼들이 크리스천 독자들의 성공하는 연애와 좀 더 알찬 결혼 생활에 도움을 줄 것이라 확신한다.

김도아 아나운서 _CTS기독교TV 라디오JOY

유체이탈
로맨스에서
무한책임 서비스로…

　　　　　　인생은 정말이지 잠깐 즐겁고 오래 괴로운 것
이며, 짧게 기뻐하고 길게 인내하는 과정이다. 만일 일상에서 '영화 같
은 이야기'를 기대한다면 그 사람은 매일 영화관에 가야만 할 것이다.
그만큼 우리의 삶은 영화나 드라마 같지 않고 다큐멘터리 같다. 요즘
은 다큐멘터리도 연출이 많이 들어가기 때문에 우리의 인생은 그야말
로 리얼 다큐, 무편집의 영상에 가깝다.
　실제로 편집이 없는 일상의 스케치를 본다면 얼마나 지루할까? 그것
을 보려면 무척 많은 인내심이 필요할 것이다. 연애도 사랑도 처음에는
환희로 가득 찬 것처럼 보여서 신기루를 잡듯이 따라가지만 조금만 지
나면 지루하고 굴곡이 많지 않아서 인내와 체념과 노력 없이는 제대로

해 낼 수가 없는 고난과 숙제의 연속이다.

그런데 때로는 다큐와 같은 일상이 더욱 극적일 때도 있다. 각본이 없기 때문이다. 사실은 영화나 드라마도 모두 실제 이야기에서 영감을 얻지 않는가. 사랑 이야기나 로맨틱 코미디도 모두 그럴 법한 일들이기 때문에 공감하고 감정을 이입하는 것이다.

이 책에서는 꿈을 꾸되 언제나 노력하면서 내 발을 정확한 현실에 두자는 이야기를 하고자 한다. 아무리 아름다운 사랑도 현실감각이 없다면 손에 잡히지 않는다.

자기 책임을 남의 잘못처럼 말하고, 자기 일을 남의 일처럼 말하는 것을 이른바 '유체이탈 화법'이라고 한다. 사랑을 하고 결혼생활을 할 때 우리는 모두 잘못 할 수 있고, 미숙할 수 있다. 하지만 문제는 그것을 인정하거나 책임지지 않으려는 자세, 남의 일이나 영화처럼 바라보는 자세다. 그것은 로맨스가 아니다. 무한책임을 지는 진지함이 없다면 그 사랑은 아무리 열정을 불태웠어도 가치가 없는 것이다.

이 책은 연애 주제로는 세 번째 저서인데, 『연애는 다큐다』 이후 블로그에 꾸준히 쓰면서 〈크리스천투데이〉에도 연재 중인 글들이다. 이 책에서도 전작처럼 3개의 파트로 나누어 글들을 분류했지만 반드시 주제가 장별로 딱 떨어지지는 않을 것이다.

1장은 아직 싱글인 사람들, 이별을 겪은 사람들에 관한 이야기이다. 혼자서도 잘 지내야 연애도 잘하는 법이다. 혼자 있는 시간은 그냥 흘려보내는 시간이 아니라 누군가를 만나기 위한 시간일 수 있다. 그 시간을 보내는 이들을 위한 칼럼이다.

2장은 남자와 여자가 서로 달라서 겪는 동상이몽에 관한 이야기들, 그리고 남자의 특징과 여자의 특징을 다루었다. 남녀가 다르기 때문에 생길 수 있는 오해와 남자라서 알아야 할 것, 여자들이 주의할 점 등을 주로 썼다. 특히 여성들이 겪을 수 있는 피해와 남자들의 각성을 요구하는 글이 많은데, 갖가지 불합리한 사고를 겪을 수 있는 위험한 세상에서 여성들의 안위를 염려하는 필자의 간절한 생각들이니 진지하게 읽어주기를 바라는 마음이다. 사랑은 하고 싶어 하면서도 준비가 안 된 이들이 꽤 많은 세상이다.

3장은 이미 연애 중인 커플이나 결혼한 부부들에 관한 주제이다. 늘 강조하듯이 조금은 더 진지하고 성경적으로 접근하고자 했고, 세상의 가벼움과는 다른 크리스천의 상식이 연애와 결혼에도 담기기를 바라는 마음을 글로 옮겼다.

각 파트가 끝날 때는 '한걸음 더 들어가기' 칼럼을 통해 크리스천이 직면한 주제들을 배치했다. 또한 마지막에는 남녀가 각각 싫어하는 이성의 유형을 정리해 가급적이면 폭탄이 되지 않는 노하우를 제시해 보았다. 약간의 인터넷 신조어나 속어는 최대한 순화했지만 실제적인 표현을 위해 조금은 남겨 두었다.

세상의 연애와 결혼이 가벼워지고 문화가 바뀌다 보니 심리적 위기감이 진지함을 더하게 만드는 것도 같다. 하지만 모든 이야기는 주변 지인들과 상담을 청해 온 이들의 생생한 고민이며,

그야말로 다큐와 같은 현실적 이야기들이다. 독자들의 연령대도 다양하고, 등장하는 사연도 동시대를 살아가는 여러 연령대의 이야기를 중심으로 다루었으니 서로 생각과 사정은 달라도 일부분 공감하거나 새로운 사실도 알게 되는 내용이리라 믿는다.

운영 중인 블로그^{바이블로그}에 와서 글을 읽어주시는 분들과 모든 소중한 독자님들께 감사하고 싶다. 바쁘신 중에도 정성껏 추천사를 써주신, 인터넷 1위 종교신문 〈크리스천투데이〉 기자 이대웅 국장님, CTS기독교TV 라디오JOY 진행자이면서 여러 방송에서 활동하시는 김도아 아나운서 님께 감사드린다. 사진을 제공해준 시카고의 친구 박민호에게도, 출판을 제안해주신 도서출판 〈헤르몬〉의 최영민 대표님과 교정과 진행을 해주신 이자영 실장님, 국제제자훈련원 총판의 김겸성 씨에게도 감사드리고 싶다.

끝으로 글을 쓰는 사람으로 살 수 있도록 해주시는 하나님께 감사드리며, 이 책에 담은 생각들이 사랑하며 살고자 하는 많은 분들에게 작은 도움이 되기를 바란다.

2017년 여름, 김재욱

CONTENTS

커플&부부
사랑과 결혼 가꾸기

지난날의 꿈 새로운 만남의 꿈…

혼자만의 사랑 혼자 남은 사랑…

P·A·R·T

1

솔로 & 싱글

이별과 만남 바라보기

나를 사랑한 시간

"우리 정말 사랑하긴 했을까…."라는 노래 가사가 있다. 사랑이 끝이 난 뒤에는 누구나 그런 생각을 해보게 된다. 부대끼고, 고민하고, 다투지 않아도 되는 텅 빈 시간 속에 남으면 과연 우리는, 아니 나는 정말 그 사람을 사랑했던 것인지 멍해질 때가 있다.

이는 남녀 간의 사랑만이 아니라 모든 일에서 그런 것 같다. 내가 아름답게 추억하는 모든 일들의 중심에는 항상 내가 있다. 사람이란 칭찬받고 관심을 받기 위해 모든 일을 하기 마련이지만 그것만이 전부면 곤란하다.

사람들의 과거 연애 이야기를 들어보면 왠지 무용담 비슷하게 느껴질 때가 있다. 어떤 공을 세운 일을 자랑하듯, 자기가 얼마나 대단한 사람이었는지, 얼마나 사랑받고 존중받았으며 인정받았던 사람인지를 중요하게 생각하는 것 같다. 그리고 많은 사랑을 받은 이유도 상대방의 배려 때문이 아닌 자기 능력과 매력 덕분이라고 여기기도 한다.

요즘처럼 '자기를 사랑하라'는 말이 많이 떠도는 때가 있었는지 모르겠다. 자신을 아끼고 사랑하라는 말은 유행도 타지 않고 점점 더 퍼져나간다. 세상의 책들이나 자기 계발을 말하는 강사부터 불교와 여러 종교의 지도자들까지 나서서 각자 스스로를 아끼고 사랑하라고 가르친다. 그래야 남도 사랑할 수 있다는 것이다. 자기가 방황하고 힘들었던 시기를 극복하는 데 중요한 전환점이 바로 '나를 사랑하는 일'에 대한 깨달음이었다는 연예인이나 유명인의 고백도 흔히 들을 수 있다.

세상에는 자살이 증가하는데, 다들 스스로를 사랑하지 않아서 자기 몸을 막 다루거나 죽기까지 하는 것일까?

기독교에서도 자기 자신을 사랑하라고 가르치는 사람은 많다. 하지만 살면서 다가오는 인간의 문제들은 자기를 사랑하지 못해서 오는 것이 아니다. "네 이웃을 네 몸과 같이 사랑하라"는 예수님의 말씀에는 이미 인간이 자신을 자동적으로 사랑하고 있다는 의미가 들어 있다.

"그럼에도 불구하고 너희 각 사람이 자기를 사랑하듯 개별적으로 자기 아내를 사랑하고 아내도 주의하여 자기 남편을 존경할지니라." 엡 5:33

자기를 사랑하듯… 굳이 자기를 사랑하려고 애쓸 필요가 없다는 것이다. 팔은 안으로 굽기 때문에 밖을 잘 살펴야 하고, 내리사랑이기 때문에 자식보다는 위를 잘 살펴 의식적으로 부모님께 더 잘하려고 애쓰는 것이 옳은 일이다.

"사람들이 자기를 사랑하며 탐욕을 부리며 자랑하며 교만하며 신성 모독하며 부모에게 불순종하며 감사하지 아니하며 거룩하지 아니하며" 딤후 3:2

말세에는 사람들이, 자기 자신은 사랑하면서도 하나님을 조롱하고, 부모에게 불순종할 것이라고 사도 바울도 경고하고 있다.

자기를 사랑하는 것은 뉴에이지 사상의 대표적 가르침으로 마귀의 속삭임이다. 그렇다고 자기를 학대하라는 것은 아니지만 그리스도인이라면 이타적인 마음으로 살기 위해 노력해야 한다.

사람들이 좌절하고 방황하는 것은 자기를 사랑하지 않아서가 아니라, 사랑하고 아끼는 자신에게 실망스럽기 때문이고, 그토록 소중한 자신이 남들에게 인정받지 못하기 때문이며, 부족한 자신을 잘난 타인들과 비교하기 때문이다. 자아가 너무 중요하고 커서 그런 것이다. 사람은 남을 낮게 여기고 자기를 작게 여길 때 삶의 아름다움과 참된 가치가 보이는 법이다.

"어떤 일도 다툼이나 헛된 영광으로 하지 말고 오직 겸손한 생각으로 각각 자기보다 남을 더 낫게 여기며 각 사람이 자기 일들만 돌아보지 말고 각 사람이 남의 일들도 돌아보라." 빌 2:3-4

세상이 자기 자신을 사랑하라고 충고하는 것은 주로 육신에 관한 것들이다. 내 몸에 좋은 것, 나를 만족시키는 것을 추구하라고 아우성이지만 정작 예수님은 자기 생명을 미워하고 자신보다는 남을 위해 살라고 말씀하신다.

"진실로 진실로 내가 너희에게 이르노니, 한 알의 밀이 땅에 떨어져 죽지 아니하면 홀로 남거니와 죽으면 많은 열매를 맺느니라. 자기 생명을 사랑하는 자는 그것을 잃을 것이요, 이 세상에서 자기 생명을 미워하는 자는 영생에 이르도록 그것을 간직하리라." 요 12:24-25

이는 자기밖에 모르고 육신의 안위에만 집착하면 진짜 소중한 생명을 얻기 어렵다는 말씀이다. 온 천하와 자기 육신까지 얻어도 목숨(혼)

을 잃으면 아무 소용이 없는 것처럼 말이다.

　자신의 영적·육체적 건강을 잘 챙기고 관리하는 것은 중요한 일이다. 하나님이 주신 몸과 마음을 귀하게 여기지 말라는 것이 아니다. 자기 관리를 넘어 스스로가 우상이 될 정도로 중시하고, 남을 돌아볼 줄 모르면서 자기에게 필요할 때만 남들을 사랑하는 척하면 안 된다는 것이다. 실제로 우리는 많은 경우에 남을 통해 자신의 필요를 채우는 것이 '사랑'이라고 착각하는 것 같다. 몰라서 착각하기도 하고, 알면서 이용하기도 한다.

　연애와 부부 생활에서도 우리는 상대방을 사랑하는 것이 아니라 내게 도움이 되는 그 사람의 능력과 기능을 사랑하는 것은 아닌가? 또 상대방의 사랑을 갈구한 것이 아니라 나를 인정해주고 존경하며 손뼉 쳐 줄 팬이 필요한 것은 아닌가….

　사람들은 조건이 맞는 사람을 찾는다. 하지만 그것은 어디까지나 보조적 수단이다. 왜냐하면 결단코 조건이 행복을 가져다주는 것이 아니기 때문이다. 게다가 상대방의 조건은 상황에 따라 바뀌기도 하며 나의 취향과 필요도 바뀌기 때문에 무척 불안하고 가변적인 것이다.

　대개 자기가 원한 조건이 기대와 다르거나 그 효력이 다하면 마음도 떠나고 사랑도 식어버린다. 그러면서 실망했다고, 내가 원한 건 이런 게 아니었다고 원망하고 불평한다. 하지만 그런 사람에게는 애초에 식어버릴 애정도 없었던 거다. 속된 말로 단물 다 빼먹고 시들해진 것뿐….
우아한 주인공 역할 아니면 연기하지 않겠다는 사람은 진정한 배우가 아니듯이 좋을 때만 사랑이면 진짜 사랑이 아닐 것이다.

　장차 주님 앞에 서는 날, 우리가 누군가를 사랑했다면서도 얼마나 많은 시간을 남이 아닌 나를 사랑하는 데 썼는지 알게 되는 날, 돌이킬 수 없는 시간 앞에서 큰 회한을 갖게 되지 않을까….

　내가 사랑했던 시간들을 무게로 달면 얼마나 될까? 그리고 거기에서 상대방이 아닌 '나를 사랑한 시간'을 빼면 무엇이 남게 될까?

운명적 러브스토리의 늪

세상의 러브스토리와 로맨스 영화는 사랑에 대한 많은 관념을 낳았고, 사랑의 감정을 부풀리거나 왜곡시켰다. 물론 때로는 사랑을 더 아름답고 숭고하게 만들기도 했지만, 세상의 사랑이 이토록 망가진 것을 보면, 범람하는 애정물들이 대체 무슨 짓을 한 건지 의아하기만 하다.

그런 영화들은 무수히 많은 스토리와 대사를 통해 사람들에게 영향을 주었다. 그런 대사 중 생각나는 것이 있다.

어느 날 문득 '운명적으로' 사랑에 빠진 남녀. 그러나 주변의 방해로 몇 년간 만나지 못하게 되자 여자는 자포자기하는 심정으로 전에 사귀던 직장 동료를 다시 만나 결혼을 결정한다.

남자는 몇 년이나 같은 버스를 타면서 여자를 찾아 헤매던 어느 날 그녀를 발견하고 급히 차를 세운 뒤 따라가 겨우 재회한다. 여자는 그때 왜 자기를 잡지 않았느냐고 묻고, 남자는 주변 방해 때문에 여자가 위험해질까 봐 일부러 떠났지만 결코 잊을 수 없어서 찾아 헤맸다고 한다. 여자는 남자를 원망하며 말한다.

"당신이 날 망쳐놨어요. 그때보다 못한 것에 만족하고 싶지 않았어요."

짧았지만 처음 느낀 감정이 강렬해 사랑의 최고치를 맛보았다는 뜻이다. 그때부터 다른 모든 사랑은 시시하다는 것.

일단 이런 최고의 사랑을 느끼는 감정은 중요하다고 본다. 결혼 전에는 이런 대상을 만나기 위해 애써야 한다. '적당히 맞추면서 살지.' 하는 안일한 생각은 좋지 못하다. 그런데 이 말에는 두 가지 생각해 볼 부분이 있다. 그 키워드는 '책임'과 '만족'이다.

만족이란 연애와 결혼에 있어서 굉장히 중대한 문제다. 거의 모든 갈등이 욕구불만, 즉 자신이 상대방에게 받아들여지지 않는다는 분노와 서운함에서 비롯되기 때문이다. 만족이 채워지지 않으면 다른 것을 찾고, 서운함을 자주 느끼면 복수할 기회를 찾는 것이 사람이다. 그래서 내가 만족할 수 있는 상대, 가능하면 상대방이 어떻게 대하든 나는 좋은 그런 상대를 만나면 좋다.

그런데 만족감만 생각하면 큰일 난다. 모든 사람이 만족하기 때문에 살고, 사랑을 유지하는 것은 아니기 때문이다. 최상의 만족을 추구하는 것은 좋은 일이지만 인간은 끝까지 만족을 모르는 존재이기 때문에 멈출 지점도 알아야 한다. 인간은 천하보다 귀한 존재이기 때문에 온 천하를 주어도 계속 만족하지는 못한다.

그 만족감의 추구를 멈추고 포기하는 행동을 '책임'이라 말할 수 있다. 하지만 여기서 우리는 많은 착각을 하고 자기 합리화를 하며 도망친다. 도망자들의 합리화를 크게 돕는 것이 바로 로맨스를 다룬 세상의 이야기들, 사랑지상주의의 표어들이다.

"당신이 날 망쳐놨어요. 그때보다 못한 것에 만족하고 싶지 않았어요."

이 말이 무슨 말인가?

날 책임지라는 거다. 나에게 다가와 사랑의 최고봉을 알게 했으니, 나의 만족감에 대한 눈이 높아졌으니, 이제 책임질 사람은 당신뿐이라는 말이다.

그런데 여자는 어디 사는지도 모르는 남자를 기다리며 일생을 보낼 수 없어서 자신을 사랑해주는 직장 동료와 결혼까지 약속한 상태다. 그 동료는 그녀의 꿩 대신 닭인 후보 선수이자 제2지망의 상대로 언제든 만족할 대상이 나타나면 물러날 단역인가? 영화에서는 단역일지 몰라도 실제 인생이라면 훨씬 오랜 시간을 함께한 연인이다.

여기서 주인공 두 사람 이외의 다른 사람들에 대한 책임감은 조금도 찾아볼 수 없다. 로맨스 영화의 특징이다. 그녀를 다시 찾은 남자는 사랑을 방해하는 것들을 처리하고 결혼식 날 아침에 가까스로 그녀를 찾아가 아무렇지 않게 말한다.

"이제 됐어요. 그와 결혼하지 않아도 돼요."

남의 인생을 말 한마디로 파탄내면서 로맨스를 말하는데, 사람들은 이것을 아름다운 러브스토리로 칭송한다. 카메라는 턱시도를 입고 기대에 부푼 단역 남자를 띄엄띄엄 비추는 것으로 역시 '책임'을 회피하고 있다.

사람들은 말할 것이다. 그럼 어쩌느냐고, 책임을 지기 위해 원치 않는 남자에게 가야 하느냐고…. 억지로 가 봐야 얼마 못 살 것이라거나 영혼 없는 결혼은 불행일 것이며, 그 직장 동료 남성도 원치 않을 것이라고 생각할 수 있다. 솔직히 그 답은 모르겠다.

하지만 만남은 카드놀이가 아니다. 포커페이스로 상대를 속이며, 여러 패를 쥔 채 저울질하고, 카드를 내밀고, 뒤집고, 내 것보다 더 센 패가 나오면 굴복하고, 남이 가진 에이스를 부러워하고, 조커를 활용하고, 히든카드를 숨기고….

사랑은 많은 시간 동안 서로를 길들이는 일종의 훈련이며 인내의 연습이지 놀이가 아니다. 심지어 카드놀이와 고스톱도 '낙장불입'인데 어찌 사랑을 그리 간단히 취급할 수 있겠는가.

그런데 사랑이라는 이름으로 모두 무죄이고, 오히려 그런 사랑도 못 해본 사람은 바보라는 듯이 '만족감을 위한 책임회피'쯤은 밥 먹듯이 해도 좋다고 왜곡하는 이야기들에 우리는 자주 열광한다. 그런 최고의 운명이 존재할까? 다들 그런 사랑을 찾았다고 하는데 조금 지나면 불행하다고 아우성이다. 잘못 찾은 것인가, 내가 변한 것인가?

운명적 사랑이란 처음에는 애타게 찾아야 하지만, 일단 찾으면 조금 아쉬워도 찾기를 멈춰야 하는 것이다.

영화에 나오는 운명적 사랑은 복권과 같아서 현실에 거의 없으며, 만나도 오히려 아끼지 않고 허비하게 된다. 더 놀라운 운명적 만남을 죽을 때까지 기대하게 만들기도 한다. 그러나 더욱더 자극적인 로맨스의 늪을 향해 평생을 걸어 들어가는 사람은 자신이 죽는 것을 모르는 불행한 사람, 미각의 만족감을 위해 배가 터지는 것도 모르는 무책임한 사람이다. 충분히 벌고도 계속 복권을 잔뜩 사들여 남의 기회까지 빼앗는 사람처럼 굴지 말고, 적당한 선에서 욕심을 버려야 한다.

언젠가 느낀 강렬함의 감정보다 못한 것에 만족하기 싫어하는 사람은 그런 강렬함을 만나도 또 다른 자극을 찾아 평생을 헤맬 사람이다. 자족하는 사랑, 책임지는 사랑이 오래 함께할 수 있는 사랑이다. 최고의 만족을 좇는 운명적 사랑은 말 그대로 운명이 다하면 끝나는 사랑이다. 하지만 자족하고 감사하는 마음으로 없는 운명도 개척하는 참된 사랑이 진정한 '만족'의 길을 열어 줄 것이다.

사랑은 상호작용이다

사랑이 상호작용이라는 것은 너무나 당연한 말이라서, "그럼 사랑을 혼자 하나?" 이런 의문이 들 것이다. '사랑은 상호작용이다.'를 정확히 다시 말하면, 사랑은 의외로 상대방의 말과 행동과 생각에 크게 영향을 받으며 작용한다는 뜻이다. 반대로 나의 말과 행동도 상대에게 영향이 되는데, 그것이 생각보다 크다는 것이 포인트다.

때로 아내나 남편, 혹은 연인이 내가 지나치면서 한 말을 매우 크게 생각해 오랫동안 염두에 두고 있었음을 알게 될 때가 있다. 예를 들어 남편과 다투고 나서 부인이 남편에게 크게 실망하여 따질 때 이런 말을 한다.

"행복하게 해준다며?!"

남편은 프러포즈할 때, 누구나 하는 말로 행복하게 해주겠다고 한 것인데, (물론 결혼만 하면 나 몰라라 하려던 것은 아니었다 해도) 아내가 그 말 때문에 결혼까지 결정한 줄은 생각하지 못했을 수도 있다. 그 말의 경중이 서로 달랐던 것이고, 아내에게는 남편의 그런 '공약'이 결정적인 선택의 조건이 되었던 것이다.

이처럼 연애나 결혼생활은 '의존적'이라고 할 만큼 상대방에 기대어 있는 경우가 많다. 그래서 결혼이나 연애에 결정적인 영향을 미치는 사실관계나 입장, 결혼관, 세계관 등은 시작할 때 명확히 전달하는 것이 좋다. 그래야 나중에 알게 돼서 생기는 부작용을 막을 수 있다. 그것이 공정한 거래(?)이다.

연인과 부부가 다툴 때도 그렇다. 사랑을 약속하고 변치 않을 것을 다짐했다가도 몇 마디의 서운한 말이 오가고 감정이 요동치기 시작하면 상대방의 한마디가 모든 것을 뒤흔든다. 예를 들어 어떤 일에 대해 "당신, 실망이야"라는 말을 들었다면, 그것에 대해서만 따지는 것이 아니라 "실망스러운 사람이랑 어떻게 살아? 다 집어치워!" 이런 식으로 비약시키며 듣기 싫은 소리에 집중한다. 그 말이 상대방이 나에 대해 생각하는 모든 것이라고 여기기 때문이다. 이런 식의 공방이 몇 번 오가면 싸움은 극단으로 치닫는다.

상대의 말에 영향을 받는다는 것은 때로 책임회피의 수단으로도 사용된다. 상대방이 어떤 제안을 하거나 무언가 제시했을 때, 자기 생각과 달라도 확실히 말하지 않고 따르면서 '이건 상대가 먼저 꺼낸 이야기니까 나는 책임이 없다.'고 생각하기도 한다는 것이다. 특히 석연치 않은 일을 따라갈 때는 더욱 그렇다. 그 일이 좋지 않은 결과로 마무리되면 그 탓은 먼저 말을 꺼낸 사람에게 돌아가는 경우가 많은데, 사실 제안한 사람보다는 책임이 작다고 해도 두 사람 모두에게 그 일의 책임이 있다.

어떤 남녀가 혼전에 부적절한 관계를 가지려 한다 치자. 두 남녀는 오로지 그 일을 벌일 생각뿐이라, 그런 일을 해도 괜찮다는 핑계거리만 찾고 있다. 그럴 때 남자가 "오빠 믿지?" 하면, 여자는 그 말을 자기 행위의 근거로 삼는다. 오빠가 그랬으니까 나는 따라간 것뿐이라고 모른 척한다. 반대로 남자가 망설일 때 여자가 "괜찮아"라고 하면 남자는 "그래. 괜찮다고 했으니까" 하며, 나는 안 하려고 했는데 상대가 허락한 것이니 내 책임 아니라거나, 최소한 여자의 책임이 더 크다고 합리화하며 감행한다.

이때 자기 심지를 갖고, 오빠를 믿는 것과 나의 옳고 그름의 기준은 다르다고 생각해 바른 판단을 할 수 있는 여자, 혹은 그녀가 괜찮다고 했어도 보호해주고 정신을 차려 옳은 것을 택할 의지가 있는 남자가 과연 얼마나 되느냐는 것이다.

그런 혼전의 불상사들이 그나마 자기가 감당하고 하나님께 심판받을 일로 인식된 상태에서 저질러진다고 해도 문제인데, 대부분 별다른 기준 없이 이루어지는 것도 모자라 상대방의 말 한마디에 정당성의 근거를 둔다는 것은 너무 무책임하고 미성숙한 일이다. 그런 사람은 자신의 행동에 대한 책임과 함께, 그 책임을 다른 이에게 떠넘기려 한 것까지 판단을 받게 될 것이다.

구원받은 그리스도인에게는 심판이 기다리고 있다. 이것은 구원을 취소시키는 것이 아니라 행위에 대한 회계 보고이며 이에 따른 심판과 상을 받는 과정이다. 상이 없는 사람은 불에 의해 받는 것과 같은 구원만 받는다고 했다(고전 3:15).

"우리가 반드시 다 그리스도의 심판석 앞에 나타나리니 이로써 각 사람이 좋은 것이든 나쁜 것이든 자기가 행한 것에 따라 자기 몸 안에 이루어진 것들을 받으리라." 고후 5:10

우리의 말과 그에 따르는 행위들까지 보고하는 그 자리가 '그리스도의 심판석'이다. 이때 부끄럽지 않은 사람이 되려면 자기 말에 책임을 지는 자세가 필수적이다.

아무리 하찮은 것이라도 말에는 힘이 있다. 그러므로 남녀 간에도 자기 말의 영향을 생각해야 한다. 내가 무심코 뱉은 말에 상대방이 상처를 받는 것도 조심해야 하지만, 상대방이 나의 미성숙한 말을 행동의 근거로 삼을 수 있다는 것도 잊지 말아야 한다. 또한 상대방의 말에 행동의 기준을 두지 말고, 내 가치관을 바로 하며, 그에 따라 행동하는 습관을 들여야 한다.

사랑은 사람의 눈을 멀게 하는 두뇌작용이 수반된다. 그러므로 어떤 일보다 더 맑은 정신으로 깊고 진지하게 임하며 지혜로운 말과 아름다운 영향을 서로 주고받아야만 한다. 그것이 진짜 아름다운 관계를 가져다 주는 것이다.

사람 vs. 조건… 몇 대 몇?

1

　이상하게 내 대학 동창들은 이혼한 친구들이 많다. 학과의 특성이라
고 하기엔 근거가 없고, 여자가 두 배 이상 많다는 것도 이유가 되지 않
는데, 다른 공통분모도 없어서 아무튼 희한한 일이다.

　30-40대 나이에는 대개 일반적으로 10쌍 중 두세 쌍 정도 이혼한 사
람들이 있는 것 같지만 우리 동기들은 거꾸로 3쌍 정도만이 이혼하지
않았다. 그래서 장례식장 같은 데서 어쩌다 만나면 나오는 이야기도 소
위 돌싱들의 새로운 만남이나 남녀 문제의 난관에 대한 것들이 많다.

　그들 중 학교에 늦게 입학해 나이가 좀 있는 동기 형님 한 사람은 이
혼 후 방황 끝에 고등학교 때 헤어진 첫사랑을 만나 나이 오십에 결혼
을 했다. 여자도 같은 조건이었다. 그가 전부터 자기 첫사랑 같은 여자
는 없다고 늘 아쉬워하던 모습을 보아왔지만, 엇갈린 인연을 이제 와
서 다시 이어붙일 줄은 정말 몰랐다.

　그런데 그의 이야기가 의미가 있었다. 지금 아내는 자기가 무엇을 하
든지 그저 있는 것만으로 좋아해 준다는 것이다. 자신은 성격을 개조
하거나 새사람이 된 게 아닌데, 전에는 같은 행동을 해도 죽어 마땅한
역적이었던 것이 지금은 아무 잘못도 아닌 게 되었다고 한다.

꽤 괴팍한 여자와 초혼을 한 것은 사실이지만, 그 형님 역시 남을 그다지 배려하는 스타일은 아니었기 때문에, 지금의 아내가 훨씬 많이 양보하면서 큰 사랑을 주고 있음을 알 수 있었다. 그가 내린 결론은, 결국 사람이 문제지 이혼남이나 이혼녀가 무슨 큰 죄를 짓거나 성격 파탄이라서 그리 된 것은 아니라는 점이다.

자기와 성격이 맞지 않는 사람을 만나 실패했다는 친구들은 말한다. 역시 사람이고, 역시 인품이 중요하다고…. 이는 물론 맞는 말이다. 운동부 학생을 대입준비 종일학습반에 넣으면 천부적인 선수라도 낙제생이 될 수밖에 없는 것처럼 어떤 환경이 주어지는가에 따라 사람에 대한 평가가 달라진다.

누구의 편에 서서 바라보는가에 따라 독립군은 반란군이 되고, 독립투사도 테러리스트가 된다. 결혼생활에서도 좋은 신랑이 천하에 몹쓸 놈이 되기도 한다(다만 이런 것을 상대주의로 해석하면 안 되며, 때에 따라 선악이 뒤바뀐다는 것이 아니라 남편이나 아내의 행동을 해석하는 관점과 포용력이 각기 다르다는 의미임).

그래서 배우자를 찾는 많은 방법과 기준이 있지만, 문제는 '사람'인 경우가 많다. 위기 상황에서는 인격·천성·성품·사고방식 등이 결국은 문제를 일으키기도 하고 꼬인 매듭을 풀기도 하기 때문이다.

누가 이혼을 하려고 한다든지 도저히 이 사람과는 살 수 없다고 하면, 어떤 이들은 인내심이 부족하다든지 좀 더 깊이 노력하지 않는다고 손가락질하기도 한다. 그런데 노력해도 정말 답이 안 나오는 사람들도 있어 보인다. 폭력이나 의심증, 정신병적인 오해와 강박 등 사람으로서

풀기 어려운 배우자가 있다. 처음에 언급한 형님의 경우가 그랬다. 그런데 사람을 바꾸자 이렇게 간단히 해결된다니, 사람이 희망이고 사람이 답이라고 할 만하지 않나….

이 글은 이혼을 권장하는 내용이 아니다. 위의 케이스는 불신자의 이야기이고, 불신자이든 신자이든 어떤 경우라도 하나님은 이혼을 기뻐하시지 않는다. 다만 결혼생활에 있어 좋은 사람이 되어야 한다는 것이며, 배우자를 선택하기 전이면 매우 신중하게 사람을 볼 줄 알아야 한다는 뜻이다.

2

그러면 사람만 좋고 사람끼리 맞으면 대부분의 문제가 해결될까? 위 커플의 결합은 사실 정식 결혼과는 다른 변칙적 요소가 있다. 둘 다 장성한 아이들이 있고, 경제적으로 안정이 되어 있으며 서로의 과거나 지금껏 다져온 삶과 그것을 각자 계속 챙기는 것에 대해 관여하지 않는 등 일종의 필요를 채우는 상생관계라고 할까.

두 사람이 첫 연애에서 헤어질 수밖에 없었듯이 어쩌면 그 어린 나이에 초혼을 했더라면 지금처럼 편안한 커플이 되지 못했거나 이혼했을 수도 있다. 결국 그들은 '잘 맞는 사람'이라는 좋은 여건과 함께 '적합한 조건'이 주어졌기 때문에 안정된 삶을 살 수 있는 것이 아닐까 싶다.

사실 많은 부부들이 금전적 문제와 생활고 등으로 헤어진다. 돈만 풍족해도 갈라서지 않을 부부는 상당수이다. 그렇게 볼 때, 외적 이혼

율의 꽤 많은 수치는 조건 때문이기도 하다. 그런 악조건 속에서는 괜찮던 인격도 바닥을 드러낸다. 어차피 인간의 속성이나 인품은 기대할 것이 없다. 또한 조건이 인격을 만들기도 한다. 그 이혼한 친구들이 개떡 같은(?) 사람을 만나 실패했다는 넋두리도 하지만 양쪽 말을 다 들어 봐야 판단할 수 있다. 상대방의 말은 그것과 다를 수 있기 때문이다. 그러면 이 친구들이 다 성격이 괴팍하고 인품이 부족한가? 그렇지도 않다. 대개 보면 이혼의 위기는 거의 모든 부부에게 오지만, 그래도 버티며 살아가는 사람들에게는 그만한 이유가 있다.

경제적 풍족함이 일단 중요하다. SNS에 늘 호텔에서 밥 먹고 해외여행 사진 올리는 사람들이 지지고 볶으며 그리 박 터지게 싸울 일이 무엇인가? 있던 스트레스도 날아갈 판인데 말이다. 한국에서 돈 있으면 아이들에게 좋은 교육을 제공하고, 남편이 아내의 친정식구들까지 챙기고 하다 보면 일등 아빠에 일등 사윗감이 되어 인정받는데 바가지 긁힐 일이 무엇이고, 이혼할 일이 무엇이랴. 또 양쪽 다 독실한 크리스천이라면 이혼을 금기시해 어떻게든 자제하는 노력을 하며 인내하는 편이다. 주변에 좋은 멘토가 있거나 돕는 이가 있어도 가정이 유지되는 데 도움이 된다. 조건이 그만큼 중요하다.

3

그러면 사람인가 조건인가? 둘 다 중요하다는 맥 빠진 결론이 틀림없이 맞는 것은 사실이지만 그래도 어느 쪽이 더 중요할까? 내 생각엔,

조건보다 7:3, 아니 8:2 정도로 사람이 중요하다고 본다. 왜 그런가?

조건이란 불가항력적인 것도 있지만 결국 사람이 만들고 개선하는 것이다. 인품이 있고 의지가 있으면 서로 맞출 수 있는 것들이 많다. 지금의 결혼문화, 이혼 실태 같은 것도 사실 모두 사람이 만든 것이다. 어느 정도의 조건이 있어야 이혼하지 않을 정도의 삶을 함께할 수 있고, 어느 정도의 조건이 갖추어져야 좋은 신랑, 좋은 배필일까? 그 판단도 모두 사람들이 만든 기준이다.

물론 '자리가 사람을 만든다.'는 말도 있다. 아무리 어려도 엄마나 아빠가 되면 서툴지만 자기 것을 포기하고 부모의 역할을 다하고, 책임 있는 자리에 앉으면 없던 능력이나 처신도 나오기 마련이라는 뜻일 것이다. 그래서 조건이 남편과 아내를 만드는 부분이 분명히 있다. 조건이 안정적이면 서로 안 맞아도 극단의 대립으로 흐르지 않고 잘 해결할 수 있는 일이 많다. 또한 조건을 중시하는 이들은 그것을 위해 감정이나 애정을 많이 포기하기 때문에 상대방에 대한 큰 기대가 없어 어느 정도 만족하는 경향도 적지 않다. 사람에게 목숨을 걸지 않게 된다는 뜻이다.

그럼에도 불구하고 사람이 더 중요하다고 하는 이유는, 부부생활에서 인격은 결국 바닥을 드러내고 조건을 무색하게 만들기 때문이라고 하겠다.

결혼이라는 제도는 아주 극단적인 생존과 연결돼 있음을 성경은 말씀하고 있다. 하나님은 에덴동산에서 다산하고 번성하라고 아담과 이브에게 말씀하셨는데, 열심히 일하고 아이를 낳는 고통 안에서 축복을 주셨다. 남자가 일하지 않으면 둘은 굶어 죽는다. 그리고 여자가 아이를 낳지 않으면 노동력의 확대나 노후를 보장받을 길이 없고, 더욱이 죄 문제를 해결할 여자의 씨, 즉 메시아를 탄생시킬 수 없어서 그들은 둘째 사망에 처하게 된다. 그래서 사람이 중요하다.

사람이 무인도에 떨어지면 그에게 지상낙원이 펼쳐져 있어도 아무 소용이 없고, 외로움에 몸부림치며 조금 버티다 죽게 될 것이다. 그러나 그곳의 조건이 열악해도 함께 헤쳐 나갈 사람이 있다면 그들은 외롭지 않고, 자손을 얻어 생명도 이어갈 수 있다. 결혼 생활은 아무도 관여하거나 해결해 줄 수 없는 무인도에서의 극단적 생활과 비슷하다.

사람들이 지금 따지고 있는 조건의 중요성은 현대사회가 만든 부분이 많다. 결국 사랑이고, 결국 사람이다. 아무리 생각해 봐도 그 '사람'이 아니었다면 우리는 헤어질 이유도, 위기를 넘기고 다시 사랑할 이유도 없었을 것 같으니까.

너무 큰 격차가 나는 사랑

무작정 남녀의 사랑을 최고 가치로 올려놓으려는 사람들이 자주 반복하는 말이 있다. '사랑에는 장애물이 없다', '국경도 없다', '조건도 필요 없다', '종교도 필요 없다' 등등…. 물론 하나님으로부터 나온 진정한 사랑은 모든 것을 초월하므로 장애물이 없다. 하지만 인간에게는 불가능한 일이 있으며 남녀 간에는 더더욱 어려운 일이 많다.

지인의 지인쯤 되는 분이 자기 SNS에 대학시절 이야기를 올린 적이 있다. 미팅 자리에 나온 여학생 둘 중 하나가, 아빠가 회사 일로 늘 바빠서 함께할 시간이 적어 아쉽다는 말을 했다는데 알고 보니 소탈한 그 여대생의 아버지는 놀랍게도 S그룹 회장이었다는 것이다.

그녀는 최고 재벌 집안 출신답지 않게 아빠 회사(?)에서 중직을 맡아 일하면서도 사내의 평범한 남성과 결혼을 했다. 물론 집안의 심한 반대가 있었을 것이다.

그런데 꽤 오랜 결혼생활 후에 이혼 소송 중이다. 로열패밀리끼리의 결혼이 아니었기 때문에 평범한 집안 출신인 그 사위에게 기업이 넘어가게 할 수는 없었던 가문의 권력 암투 때문이라는 소문이 많았다.

그 집안의 막내딸은 꽤 오래전에 역시 평범한 사람과의 결혼을 꿈꾸다 돌연 자살하고 말았다. 돈이 부른 재앙, 아니 그 돈을 지키기 위해 치러야 하는 대가라고 불러야 할까…. 그럴 때는 금수저나 흙수저나 고통의 총량은 같다는 이치가 위안 아닌 위안이 되기도 한다.

　요점은, 너무 큰 격차가 나는 상대와는 감수해야 할 문제가 반드시 있다는 것이다. 감수가 되면 다행이지만 그 정도를 넘어설 때 둘 사이는 와해되거나 비극으로 끝이 난다.

　이십 대쯤에는 둘 사이의 장벽이나 험한 산은 잘 보이지 않는다. 삶의 키가 자라지 않기 때문에 산 너머의 일들은 볼 수 없는 상태다. 그래서 어른들이 너무 차이가 나는 사랑을 말리면 때 묻은 속물 세대의 조건부 사랑으로 일축하고 더욱 열정을 불태우려 한다.

　주변에서 반대하는 그 많은 격차란 무엇인가? 맨 앞의 예처럼 재산의 차이일 수도 있고, 학벌이나 스펙의 차이, 나이와 종교 차이 등이 흔히 겪는 대표적인 것이다. 위와 같은 차이가 나는 사랑은 가능하면 피하라고 조언하고 싶다. 그것은 송충이는 솔잎을 먹어야 한다는 식의 자포자기 같은 것이 아니라, 그런 사랑은 많이 아프기 때문에 서로 입을 상처가 크다는 뜻이다.

　재산이 차이가 나고 학벌에서 차이가 나면 배우자가 나를 무시하지 않아도 자기 혼자 열등감을 느끼고 스스로를 괴롭히다가 상대까지 힘들게 할 수 있다. 보통사람이 재벌 2세를 만나면 둘 사이가 아무리 좋아도 그 보통사람은 재벌가에서 상처를 받는다.

　손녀나 딸 뻘의 여성과 사랑을 하는 유명인이 남성들의 부러움도 사고 화제가 되지만, 그는 뛰어넘을 수 없는 젊음 앞에서 자신감을 잃고 늘 연인의 주변을 신경 쓰며 괴로울 수가 있다. 결국 삶의 편안함이 사라진다. '나무꾼과 선녀' 이야기는 비극적 이별이 있어서 아름다운 것이지, 둘이 맺어지고 평범한 가정을 꾸렸다면 둘 사이는 큰 격차로 인해 평탄하지 않았을 것이다.

대 조각가 오귀스트 로댕Auguste Rodin과 그의 제자이자 혼외의 연인인 카미유 클로델Camille Claudel의 사회적 격차는 무척 컸다. 그러나 실상은 카미유가 로댕보다 더 창작의 영감이 넘치는 천재였다고 한다. 사후에 재평가를 받은 카미유는 그의 라이벌이라 할 정도였으니 로댕이 젊고 유능한 그녀에게서 느끼는 열등감은 상대적으로 훨씬 컸을 것이다.

둘 사이는 결국 비극으로 흘러 카미유는 정신병원에서 비참한 말년을 보내게 된다. 그러나 로댕이 그녀를 포기한 것은 도덕적 이유만이 아니라 넘어설 수 없는 묘한 열등감과 그녀를 끝까지 돌볼 수 없는 세월의 차이 같은 것이었을지도 모른다.

사랑하는 두 사람 사이의 격차란 우열의 차이만을 뜻하지 않는다. 국제결혼, 이혼했던 사람과 하는 결혼, 너무나 다른 뇌구조를 가진 사람과의 만남, 극과 극의 집안 분위기에서 성장한 사람들의 만남 등도 한쪽, 혹은 양쪽 모두가 마음에 짐을 안고 살아가기 쉽다.

격차가 심하면 만나지 않는 것이 좋다는 뜻이 아니다. 격차를 인정하고 감수할 준비가 되지 않았다면 길을 나서지 말라는 것이며, 마음의 상처를 견딜 각오를 하라는 뜻이다. 분명한 것은 열정적 사랑이 모든 것을 해결해줄 것이라는 순진함을 버려야 한다. 사랑의 종류는 여러 가지인데, 흔히 말하는 열정적 사랑은 오히려 험한 길에 방해가 되는 어린 사랑이며, 서로의 차이를 견뎌내고 오래 참으며 인내하는 참된 사랑만이 험한 길을 앞둔 이들에게 필요한 준비물이다. 물론 이미 그런 길 한가운데를 걷고 있는 사람들에게도 마찬가지이다.

궁극적으로 되돌아갈 수 있는 사랑이란 있을 수 없다. 너무 아픈 사랑은 사랑이 아니었다고 하는 노래가 있는 것처럼, 한쪽이 크게 처지는 사랑을 하게 되면 결과적으로 너무 아픈 사랑을 할 수도 있다. 그런 사랑은 상처밖에는 남지 않는 것, 사랑이라고 부르기에도 처절한 것일지 모른다.

배우자 감, 신앙과 상식 사이

1

    대부분이 싱글인 20-30대 젊은이들이 주로 모이는 모임에 특강을 갔을 때였다. 세미나를 마치고 질문과 나눔의 시간이 있었는데, 한 자매가 질문을 던졌다.

    "남자들을 보면요, 신앙심과 기타 부분이 서로 밸런스가 안 맞는 경우가 있어요. 이런 때, 신앙을 먼저 봐야 할지, 자아와 인격을 먼저 봐야 할지 고민이 되더라고요."

    신앙관은 잘 정립된 것 같은데 자신의 정체성이나 자존감, 인격 등은 결여돼 있는 경우가 있고, 반면에 신앙은 조금 덜 익어 보이는데 자아에 관한 부분은 더 완성된 사람이 있다는 것이다. 둘 다 수준에 올랐다면 더 바랄 것이 없겠으나 밸런스가 안 맞는 남자들 사이에서 굳이 어느 한쪽을 선택해야 한다면 미래를 위해 어떤 쪽이 더 현명한 선택이냐는 질문이었다.

    먼저 요즘 결혼 적령기의 세상 남자들을 진단해 보면, 안타깝게도 진지함이 결여돼 있고 인격적으로도 고르게 성장하지 못한 이들이 적지 않은 것 같다. 최근 들어서는 인터넷의 영향으로 여학생들의 성적이 남학생을 앞지른다는 통계에서 볼 수 있듯이 남자들은 게임과 음란물, 질 낮은 온라인 활동 등 머리를 텅 비게 하는 즐길 거리들을 몸에 달고 살아왔다. 부적절한 언어의 댓글을 쓰는 이들이나 혐오할 만한 게시판에 드나드는 이들도 남자가 월등히 많음을 상기해야 한다.

설상가상으로 스마트 시대를 맞아 지적인 활동과는 아예 담을 쌓고 책 한 줄 읽지 않는 사람이 늘어나는 상황이라 독서 인구나 도서 구매자들은 여성들이 그 수를 훨씬 앞지르면서, 남자들은 더욱 공허해져가고 있다.

2

이 모두가 남자들의 책임이라는 것은 아니며, 남자들이 다 그렇다는 것도 당연히 아니다. 그저 전반적인 추세를 말한 것이다. 세상이 사람들을 그렇게 만들고 있기도 하다. 모든 면에서 자아를 제대로 형성하기에는 매우 어려운 곳이 현대 사회가 아닌가 싶다.

모든 것은 흐트러진다는 물리학 법칙에 따라, 갈수록 사람의 인성은 흐트러져 지금껏 보지 못한 황당한 세상이 계속 수위를 더해가며 펼쳐지고 있다. 얼마 전 미국의 어느 핼러윈 축제 행사에서 실제로 사람 몸에 불이 붙었는데도 현실과 구분을 못하고 환호하는 사람들의 모습이 보도되었다. 이런 일이 가능하리라고 상상이나 했었는가? 이것은 세상이 함께 사는 상식적 공간이 아니라 비상식이 춤을 추는 광란의 도가니임을 보여 주는 단면이다.

사람들은 이제 남의 말을 듣지 않는다. 온라인 공간에서도 귀를 막고 자기 말만 하고 꺼버린다. 기껏 질문해놓고 애써 대답해주면 듣기만 하고 사라져버린다. 도무지 예절도 모르고 앞뒤 분간도 안 되며, 자기 필요한 것과 자기 힘든 것밖에는 관심이 없다. 문해력과 언어 전달력 부족에 함량 미달의 인격을 가지고 무작정 물고 뜯는 사람들도 의외로 많다.

이런 비이성적인 흐트러짐의 현상은 정도만 다를 뿐, 기독 신앙을 가진 사람들도 크게 다르지는 않다. 건전한 신앙과 성경관은 찾아보기 힘들고, 세상 것들에 다들 물들어 있다. 우리 모두가 크게 반성하고 각성할 일이다.

신앙관, 물론 중요하다. 기초가 다져져 있으면 먼 길을 돌아갈 필요도 없으니 장점인 것은 분명하다. 하지만 나는 질문했던 그 자매에게 신앙보다는 자아가 형성된 사람을 택하는 것이 좋을 것 같다고 말했다. 신앙관이나 자세라는 것은 사실 슬럼프를 맞닥뜨리면 한순간에 털어버릴 수 있는 것이 인간이고, 신앙이 좋다 나쁘다 판단할 기준도 사실상 거의 없다. 그것은 얼마든지 타인들을 속일 수 있는 부분이고, 심지어 자기 스스로에게도 속는 것이기 때문이다.

신앙이 좋다며 교회에서 살다시피 하고, 거의 그것에 지나치게 빠져 있는 사람치고 정신 건강한 사람이 드물다. 그렇게 신앙적인 일에만 빠져서 후벼 파는 사람은 고개를 푹 숙인 채 땅만 보고 걷는 사람과 같아서 다가오는 차도 보지 못한다. 자기 인격이나 자아가 신앙과 지식을 따라가지 못한다는 자체가 불균형하게 자란 내면을 드러내는 일이다.

그래서 상식 있게 판단하고 세상 이치를 깨달을 줄 알며 정상적인 삶을 유지하는 사람이 훨씬 낫다. 그래야 신앙도 바르게 키울 수 있을 것이다. 성경을 조금 많이 알고, 열심히 공부하고 신앙적 체험도 했다는 사람 중에는 교만한 사람이 많고, 남의 감정을 입장 바꿔놓고 시뮬레이션하지 못하는 이들도 많다. 자기가 너무 대단하기 때문에 남들이 맞춰줘야 한다고 생각하는 것이다.

신앙은 좋으나 사회와 소통할 줄 모르는 자아를 지닌 사람과 연애를 하고 결혼을 한다면 치명적인 문제에 부딪힐 것은 빤한 일이다. 그래서 둘 다 갖춰지지 못했을 경우라면 신앙보다 인간적 완성도가 중요하다고 본다. 신앙은 채워나가면 되지만 인품이나 자아는 채우기가 훨씬 어렵다. 아니, 거의 불가능하다.

그래서 여성들에게 신앙적으로 말이 통하는 사람보다 일반적으로 말이 통하는 사람이 더 낫다고 충고하는 것이다. 불신자이거나 신앙이 너무 바닥만 아니라면 말이다.

4

성경은 목사나 집사 등의 덕목을 말할 때, 늘 맑은 정신으로 생각하는 사람, 가정을 잘 돌보는 사람 등 정상적이고 일의 순서를 아는 사람을 적격자로 보고 있다. 일반 이치를 잘 모르고 성경과 신앙만 아는 사람은 의사소통에 큰 문제를 지니는 경우가 많기 때문이다.

지난 번에 출간한 『연애는 다큐다』에 쓴 칼럼 중 '전도사님, 여기서 이러시면 안 됩니다'라는 글에서처럼, 소개팅을 나와서 사모 감 면접 보듯이 일평생 새벽기도 가능자를 찾고, 자신의 목사 안수일 이전에 결혼식 거행 가능자를 찾는 식의 비상식적 기준이 잘못인지도 모르는 사람들이 있다. 배우자가 자기를 위해 존재하는 것으로 착각하는 일부 종교인들이다.

사랑을 하려면, 지금 이 순간이 집 앞에서 기다릴 때인지 프러포즈할 때인지를 알아야 한다. 지금의 관계에서 어떤 말과 행동까지 허용되는 상황인지도 파악할 줄 알아야 한다. 상대방의 말이 무슨 뜻인지 잘 알아듣고 깊이 생각해야 하며 무모한 행동을 해서도 안 된다.

말이 통하지 않으면 바벨탑에서처럼 흩어진다. 언어가 다르면 더는 함께 할 수 있는 것들이 없기 때문이다. 그런 상황이 오기 전에 바른 인성과 자기 정체성을 지닌 사람을 알아보는 것이 중요하다. 그런 사람이라야 신앙도 발맞추어 성장할 수 있으며, 기형적으로 치우쳐서 한 곳만 발달하는 엉뚱한 신앙인이 되는 것도 방지할 수 있다. 물론 그런 남자를 알아보는 여성의 안목이 중요하며, 선택한 이후의 균형 잡힌 여정에도 여성의 조력자 역할이 큰 몫을 한다.

주님이 찾으시는 귀 있는 자, 말귀를 알아듣는 사람이 되도록 저마다 애써야 할 때이다. 그리고 고민하는 결혼 적령기의 청년들을 위해, 기성

세대의 그리스도인이나 교회는 어느 한쪽으로 치우치지 않는 정상적인 그리스도인들을 많이 배출할 수 있도록 깊이 고민하고 애써야 할 것 같다.

사랑하기 전에 좋은 사람이 돼야 하는 이유

내가 아는 분 중에 예쁜 두 딸을 늘 자랑스럽게 생각하시는 분이 있다. 두 딸 모두 성공한 직장인으로 각각 아나운서와 작가로 방송국에서 일하고 있다. 큰딸은 오래 연애를 해서 내년에 결혼을 앞두고 있는데, 20대 중반인 작은딸은 아직 남자친구가 없다고 한다.

큰딸의 안정적인 연애에서 남자친구와 서로 아끼며 발전해가는 모습이 무척 흡족했던 엄마는 작은딸에게도 좋은 인연과의 연애를 권하며, "너는 왜 남자친구가 없냐?", "왜 안 사귀느냐?" 하고 물었다. 그러자 딸이 진지하게 이렇게 말하더란다.

"엄마, 아직은 내가 더 일해서 좀 더 경험도 쌓고, 나를 완성할 시기인 것 같아. 그게 먼저지, 지금 다듬어지지도 않았는데 사람부터 만나려고 하면, 좋은 사람을 만나 좋은 관계를 유지할 수가 없어."

이 말을 들은 엄마는 작은딸의 지혜가 자신보다 낫다고 생각했다는 것이다. 사실 그 정도 나이에 이런 성숙한 생각을 하기란 쉽지 않다.

많은 사람들이 일단 누군가를 찾고 만나야겠다고 생각하는 경향이 있다. 그러면 모든 일이 다 잘 될 것으로 막연하게 생각하기도 한다. 아무나 만나려는 것은 당연히 아니겠지만 막연히 잘 보고 신중하게 임하면 좋은 사람을 찾을 수 있다고 생각하는 것 같다.

　물론 자기에게 과분할 정도로 좋은 사람을 만나지 못하리라는 법은 없다. 하지만 그것은 쉬운 일이 아니다. 대개는 올라가지 못할 나무를 쳐다보기도 하는데, 이보다는 비슷하거나 고만고만한 사람들끼리의 만남이 대화도 잘 통하고 접촉점이 훨씬 많을 수 있다. 때문에 자기보다 나은 사람과 사귀기는 쉽지 않고, 자기보다 좀 못한 사람이나 비슷한 수준의 사람들과 연결될 확률이 높다.

　반드시 자기보다 나은 사람과 만나야 하는 것은 아니다. 자신을 레벨 업 한 뒤에 노는 물이 좋은 곳에서 배우자나 연인을 찾아야 한다는 의미가 아니다. 그런 외적인 이야기가 아니라, 좀 더 내면과 상식과 수준이 괜찮은 사람을 만나는 것이 중요하며, 그래야만 아직은 큰 역할을 못해도 미래가 있다는 점을 말하려는 것이다.

　세상을 좀 알고 나면, 누구에게나 과거에 만나지 말았어야 했다고 생각되는 사람들이 있기 마련이다. 그땐 왜 그랬었는지 후회되는 경우가 있다. 물론 잘못 만난 경우도 있겠지만, 대개는 그 당시 수준에 자신도 부족하고 보는 눈이 없어서 중요한 것들을 배우지 못했기 때문에 그런 선택을 할 수밖에 없었던 것일지 모른다. 하지만 지금은 경험과 연륜 등을 통해 업그레이드 된 상태라서 예전을 생각해 보니 지금의 생각과 괴리가 일어나는 것일 뿐, 당시로서는 어쩔 수 없는 선택이었거나 그냥 나쁘지 않은 선택이었을 수도 있다.

어떤 사람들은 '좋은 이성'을 얻기 위해 성형을 하고, 식스팩을 만들고, 화장을 하고, 개인기를 쌓고, 돈을 벌고, 졸업장을 따고, 멋지고 예쁜 사람들이 많이 모인 곳에 기웃거리기도 한다. 그런데 문제는 진짜 괜찮은 사람들은 그들이 치중하는 요건들에 큰 관심이 없다. 오히려 그들은 조건부터 신경 쓰는 이성들을 진지한 대상으로 여기지 않을 수 있다.

그러므로 자기가 신경 쓰는 쪽과 비슷한 부류가 다가온다고 생각하면 된다. 본인은 외모만 신경 쓰면서 진지하고 속 깊은 사람이 자기를 좋아했으면 좋겠다는 생각은 오산이다. 서점에서 살면 책 보는 사람과 인연이 닿고, 클럽에서 살면 춤추는 사람을 만난다. 자기는 클럽을 전전하면서 배우자는 춤도 잘 추고 외모도 멋지고 책도 읽어서 생각이 깊은 사람이었으면 좋겠다고 바랄 수는 없지 않은가.

그분의 작은딸은 지혜로운 여자다. 그녀가 지혜롭다는 것은 좋은 남친을 찾기 위해 기다리고 스스로를 가다듬는 자세 때문이 아니다. 그녀는 자기도 좋은 사람을 만나야 하지만, 본인 스스로도 미래의 사랑하는 사람에게 좋은 사람이 되어주고 싶다고 했기 때문이다. 그래서 자기가 그에게 축복이 되고, 도움이 되는 사람이기에는 아직 부족하다고 생각한 것이었다.

아직 만나지도 않은 미래의 연인을 위해 이 정도 생각할 수 있다면 정말 지혜로운 이십대가 아닐까? 그것이 좋은 사람을 만나고 서로 행복할 수 있는 길이며, 불필요한 소모적 연애와 값싼 선택으로 인한 불행을 막는 길임을 스스로 깨달은 것이다.

어떻게 만나도 다툼과 어려움과 좌충우돌이 있는 것이 사랑이고 만남이다. 성숙하고 기본적 사고가 가능한 사람들은 그것을 헤쳐 나가고 대처할 지혜와 상식이 있다. 그러나 일차원적인 사람들에게는 더 많은 어려움과 난관이 기다리고 있다.

문제가 많은 사람들은 늘 문제가 밖에 있다고 생각한다. 배우자의 문제·조건·여건·능력·태도·돈·시댁 혹은 처가… 모두 문제가 있어서 지금 안 풀린다고 생각하는 것이다. 그것이 어느 정도 사실이라 해도 자기 자신이 먼저 좋은 사람이었다면 해결될 일도 많다. 그리고 그런 문제들은 자기가 조금 더 나은 사람이었다면 지금처럼 흘러오지 않았을지도 모를 일이다.

이미 그런 시간이 지나갔다면 서로를 업그레이드 하는 수밖에 없겠지만, 아직 기회가 있는 젊은이나 싱글들은 그녀의 말을 잘 들어 둘 필요가 있겠다. 좋은 사람이 되자. 나 때문에 행복한 사람은 내게도 좋은 사람이다. 성급하게 사람을 찾아다닐 시간에 나를 가꾸는 것, 그것이 자기뿐 아니라 미래의 한 몸인 자신의 반쪽을 동시에 레벨 업 시키는 비밀이다.

부부의 나이 차이와 관계의 특성

어릴 적 친구들 중에 고3 때쯤 함께 알게 된 여학생 친구들 중 하나와 결혼한 친구가 있다. 같이 놀 때는 전혀 몰랐는데 소식이 끊겼다가 몇 년 후 다시 연락하는 과정에서 눈이 맞았다고 했다. 둘은 도저히 매칭이 안 되는 남사친 여사친 사이였는데 혼기가 막 지나가는 시점이라 그랬는지 금방 결혼을 했다.

이 부부는 서로 친구이다 보니 습관이 안 돼서 계속 이름을 부르며 지냈다. 그래서 부모님 앞이나 공식적인 자리에서는 자제하지만 화가 나면 반말이 그대로 튀어나온다고 한다. 자녀가 생겨도 갑자기 바꾸기는 쉽지 않다. 그 집 아들이 초등학생 때, 양치질을 하면서 자꾸 거실에 나와 흘리고 돌아다녀 아내가 한참 야단을 치고 있었단다. 그런데 갑자기 옆에 지나가던 남편을 가리키며 소리를 질렀다.

"네가 그러니까 얘가 저러는 거 아냐!!"

갑자기 날벼락을 맞은 친구. 이 집에서는 얘가 걘지, 쟤가 앤지 헷갈리는 일이 많다고 한다. "아, 왜 나한테 그래…." 하고 변명을 해도 아들 앞에서 종종 모양 빠지는 것은 어쩔 수 없다고.

주변의 부부들을 보면 나이 차이에 따라 조금씩 관계가 다르게 형성되는 것을 관찰할 수 있다. 말투부터 시작해서 많은 것이 나이에서 결정된다.

　남자의 나이가 많으면 더 권위가 있을 것 같지만 꼭 그렇지는 않다. 많이 어린 아내와 사는 경우에도 남녀는 결국 친구처럼 동급이 되기 때문에 상대적으로 발랄한 세대의 아내에게 맞추다 보면 어느새 애가 되고, 어린 아내는 어리다고 무시당할까, 나이로 억누를까 방어 차원에서 그러는지 더 남편에게 스스럼없이 대하는 것 같다. 오히려 연상연하 커플을 보면, 신랑이 어리다고 남들이 얕잡아 볼까 봐 아내도 더 예의를 갖추고 남편도 일부러 더 반말을 하는 등 보완하려는 의지가 보인다. 그래서 말투만으로는 부부의 나이 차이를 알기 어려운 경우가 많다.

　한국의 문화에서는 부부간의 나이가 중요한 요소로 작용한다. 나이만 따져서 배우자를 고를 수는 없는 것이고, 원한다고 다 되는 것도 아니지만, 나이 차이에 따라 좋은 사람도 이상해지고 별로인 사람도 좋은 배우자가 될 수 있는 여지도 있다. 만일 철딱서니 없는 남자라면 휘어잡을 수 있는 연상녀를 만날 때 사람 노릇을 하면서 살 수 있다. 자유분방한 여자는 비슷한 또래의 친구 사이인 남자를 만나 살면 안정적인 생활이 어려울 수 있다. 차라리 진지한 스타일의 선배나 나이 차이가 조금 나는 남자를 만나면 서로 보완이 될 것이다.

　부부가 동갑이거나 비슷한 나이면 모든 행동이 친구처럼 편해서 자녀들도 편하게 부모를 대한다. 아이들이 부모에게 하는 행동과 말투는 거의 부부간의 상태를 알려주는 것으로 이해하면 된다. 시부모 앞에서 며느리가 아무리 남편에게 존대를 해도 집에서 편하게 지낸다면 아이들은 엄마와 아빠를 따라가게 되어 있다.

아직 싱글이라면 소개를 받거나 할 때 나이를 당연히 고려하겠지만, 평소에는 단순히 선호하는 연령만 따지지 말고 자기 성격과 향후 관계를 잘 고려하면 성공률이 높아질 수 있다.

혼기를 놓쳐 나이 먹은 것도 억울한데 동갑내기나 연상과 결혼하기는 좀 억울한 남자도 있을 수 있고, 아직 젊은데 나이 차이가 많은 사람과는 좀 밑지는 느낌이 드는 여자도 있을 수 있다. 하지만 나이 이전에 상호보완의 어울림을 살피는 것이 좋다고 본다. 안 그래도 좀 보수적인 남자가 너무 어린 상대를 만나면 세대 차이를 따라가지 못해 겉돌 수도 있고, 늘 젊은 감성으로 살고 싶은 여자가 나이 많은 사람을 만나면 꿈을 펼치지 못하는 답답한 결혼 생활을 할 수도 있다.

사회활동이 많거나 친구를 좋아하는 사람들은 배우자와 나이 차이가 많이 나면 서로 노는 영역이 달라질 수도 있다. 신랑 신부의 친구들이 피로연에서 만났는데 너무 다른 세대의 사람들이면 이후로도 자주 만나거나 편하게 오고 가기 힘들어지듯이 말이다. 관계의 문제는 반드시 나이 탓만은 아니고, 성격상의 문제이기도 하지만 나이라는 것은 가정의 분위기를 좌우하는 큰 요소인 것이 현실이다.

어려서 자주 오가던 내 외삼촌 댁의 형제들과 우리 형제들을 다 합치면 한 10년 터울을 두고 총 8명인데, 결혼이 좀 늦은 제일 위의 사촌 형님 와이프가 제일 막내인 나와 한 살 차이인 아내보다도 어렸다.

사촌이지만 동서들이 여럿인데, 그 형님은 형수에게, 네가 제일 손위

동서니까 말을 놓으라고 옆구리를 찔렀지만 갓 결혼한 어린 새댁은 어쩔 줄을 모르고, 나이 많은 동서들도 얼른 '형님' 소리가 안 나와서 명절에 무척 어색했던 기억이 있다. 결혼도 늦게 하면서 어린 형수를 만나서 민폐라고, 그 밑의 다른 형님들이 야유를 보내기도 했다.

여러모로 유교 문화가 남아 있고 존댓말이 사용되는 우리 문화에서 나이는 거추장스러운 조건이다. 그래서 자기보다 나이 많은 남자라서 '오빠'라고 부르는 순간부터 암묵적인 상하 관계가 형성되고, 남자는 여자를 보호의 대상, 여자는 남자를 의존적 대상으로 여겨 남자가 훨씬 더 많이 베푸는 것이 정당한 관계가 되기도 한다.

이처럼 다른 나라에서는 보기 힘든 독특한 문화를 지닌 만큼 좀 더 현명하고 슬기로워야 할 것 같다. 미리 나이를 계산해 미래를 설계할 수는 없겠지만 나이에 따른 특징을 조금 이해하면 어떤 연령대와 만나든지 서로 보완하고 존중하는 관계로 나아가는 일에 잘 활용할 수 있을 것이다.

결혼 생활이 길어지면 나이 차이도 무색해진다. 나이에 관한 문제는, 같이 늙어 가는 처지에 서로 따지는 것도 우스워지는 편안한 시간이 곧 온다. 그날이 오기까지는 조금만 센스 있게 고려하고 서로 존중하면 충분히 극복이 가능하다. 연식이 같다고 다 같은 차가 아니듯이, 모든 사람은 신체 나이, 얼굴 나이, 정신의 나이, 그리고 호적의 나이가 사뭇 다르다는 것을 잊지 말자!

남자들이 오해하는 커플 성사 과정

오래전에 신혼여행지에서 버스 투어를 다닐 때 가이드의 제안으로 각 부부들이 나와 소개하는 시간을 가졌다. 갖가지 만남과 사연이 있었는데 그중 유독 건장한(?) 커플이 있었다. 알고 보니 남자는 테니스 강사였고, 여자는 수강생이었다. 두 사람 다 평범하고, 남자도 많이 수수해 보이는 사람이었는데, 의외로 자기 아내에 대해 이렇게 소개하는 것이었다.

"사실 수강생 중에 여성분들이 많았는데, 이 사람이 선택된 거죠."

분위기는 싸늘해졌지만 함께 앞에 나온 여자는 그저 웃기만 했다. 사람들의 반응은, '저 양반이 누굴 고르고 그럴 처지는 아닌 것 같은데…' 하는 느낌이었지만 어쨌든 두 사람은 밝고 행복해 보였다.

남자들이 조금 착각하는 것이 있다. 남자들은 대개 남녀관계에서 자기가 선택해 대시하고 청혼하고 또 밀어붙여서 뭔가 돼도 된 것으로 생각한다. 그러나 사실은 여자가 남자를 선택해 '데리고 사는' 경우가 많다. 사랑과 만남의 결실은 어차피 상호작용인데 이렇게 말하나 저렇게 말하나 비슷한 이야기 같지만 속된 표현으로 여자가 쓸 만한 남자를 '꿰차는' 것이다.

여자가 꺼려하는 남자의 단점은 여러 가지다. 그중 몇 가지는 치명적이라서 함께 인생을 보내기는 싫을 정도인 것도 있다. 남자들은 자신의 키가 작아서라든지 돈이 없거나 인물이 부족해서 여자들이 자기를 안 좋아한다고 생각하곤 하지만 그런 요소는 의외로 영향이 적다. 여자들은 남자에게 자신감이 심각하게 결여돼 있거나 극히 우유부단하거나 삶의 의욕과 뚜렷한 목표가 없는 경우에 그 남자를 선택하지 않는 경향이 크다.

때로 여자는 남자의 장점을 발견하고, 단점을 자신이 보완할 수 있을 경우에 그 남자를 선택하기도 한다. 한마디로 자기가 감당하겠다는 것이다. 후배 중에 허우대는 멀쩡한데 바람기가 많고 철이 없어서 자기 구실을 제대로 못하는 남자가 있었다. 그런데 그의 착한 성품과 인물을 본 능력 있는 연상녀가 그를 휘어잡고 사는 것을 보았다. 그 남자는 결코 그녀가 자기 스타일이 아니었지만 여자가 앞길을 다 터주고 돈 걱정 없이 셔터맨으로 살 수 있도록 늘 옆에서 받쳐주니 나중에는 거부할 도리도 그럴 이유도 없었다.

이 경우는 극단적인 케이스지만 여자가 자신에게 다가오는 남자를 받아주고 평생의 동반자로 수락하는 경우는 남자의 사랑이 통했다기보다 여자가 '윤허'한 것이라 해야 할 때가 많다.

남자들에게도 순정은 있지만, 마음속에 누군가를 염두에 두었더라도 대개는 이리저리 여성들에게 작업을 걸면서 조금이라도 더 자신을 인정하고 받아주면 그쪽으로 마음이 확 끌릴 수 있다. 마찬가지로 여성들은 여러 남자로부터 크고 작은 신호를 감지하는데 당연히 그중 가장 믿음직하고 쓸 만한 남자를 선택한다. 그렇기 때문에 남자가 여자를 골라 선택하는 것이 아니라 여자가 남자를 고르는 것이 맞다고 보는 것이다.

연애와 결혼에 성공하려면 남자들은 이 순서를 착각하면 안 된다. 남자는 애초부터 선택권이 없었다.

아담은 혼자 있으면 빛이 안 나는 존재라서 혼자 있는 것이 하나님 보시기에 별로 좋아 보이지 않았다. 하나님은 여성을 만들어 아담에게 주셨다. 몇 명을 만들어 골라 보라고 하신 적이 없다. 그때 이브가 거부했으면 아담은 결혼을 할 수가 없었겠지만 우리와 똑같은 자유의지를 지녔음에도 이브는 흔쾌히 수락했고, 아담은 묻지도 따지지도 않고 감지덕지 그 여인을 처음부터 깊이 사랑했다. 심지어 그 여인은 자기 속에서 나온 존재였지만 그 스스로 여자를 만들 수 없었고, 하나님이 만들어 주셨을 뿐이다.

남자들은 자기가 여자를 찍어 열심히 공을 들이면 무언가 될 거라고 생각한다. 그런 노력은 당연히 해야겠지만 그것이 일을 성사시키는 가장 중요한 요소는 아니라는 것을 고려해야 성공률이 높아진다. 괜찮은 여자는 남자가 어떤 친절을 보이고 선물공세를 하고 이런 것으로는 중대한 선택의 결정은 하지 않는 것 같다.

남자는 우선 자기 삶을 멋지게 잘 살아야 한다. 자기한테만 잘하는 남자를 찾는 여자는 별로다. 진짜 좋은 여자는 남자의 살아가는 방식과 그의 꿈, 삶의 태도와 능력을 본다. 그래서 지금 좀 부실해도 미래를 걸 수 있다. 그런 남자를 놓치면 그것은 여자 손해이고, 그런 남자를 못 알아보는 여자는 놓쳐도 억울할 것이 없다.

"언제 자기 남편이나 남자친구가 가장 섹시하고 멋지게 보이는가?" 하는 설문조사 결과 1위는, 근육 자랑할 때가 아니라 '자기 일에 몰두할 때'라고 한다.

아주 작은 차이 같지만 남녀가 하나가 되는 과정의 이치를 잘 파악하면 풀리지 않는 실마리가 풀릴 수 있다. 진짜 멋진 남자는 모든 것을 알고 여자가 주도권을 쥐고 선택하는 듯한 그 과정까지 내다보며 상황을 컨트롤하는 남자다. 하나님이 나를 위한 이브를 만드시고 내게 보이실 때, 그녀에게 마치 내가 세상에서 유일한 남자인 아담처럼 보이게 할 수 있는 사람이 되려면, 여자에게 뭘 해줄지 생각할 시간을 조금 줄이고 자기 삶에 몰두하라. 멋진 여성이 당신을 알아볼 확률이 훨씬 높아질 것이다.

이별을 잘하는 방법이 있을까?

1

 가끔 사람들로부터 이별에 관한 이야기도 쓰면 좋겠다는 이야기를 듣는다. 원치 않는 이별을 하게 됐을 때, 잘 헤어지는 법도 사랑에 서툰 사람들이 알 필요가 있다는 것이었다. 이런 제안은 처음 연애 관련 책을 냈던 때부터 들었던 이야기다. 하지만 이별이라는 주제에 대해 생각해 봐도 글을 쓰기는 왠지 어려웠다. 적당한 조언으로 제공할 만한 노하우가 내게 없었기도 하고, 이별한 사람에게 어떤 말인들 위로나 도움이 될까 싶었기 때문이다.

 버려진 사람보다 더 슬픈 사람은 잊힌 사람이라는 말처럼, 우리는 사랑했던 이의 기억에서 지워지고 존재가 사라지는 것을 무척 두려워하기 때문에 발을 동동 구르며 안타까워한다. 그래서 연인의 마음속에서 죽어갈 때 그 고통을 견디지 못하고 스스로 목숨을 끊는 이들도 있다. 그것으로 자기 마음을 항변하는 것이다. 사랑하는 이가 그의 모든 것이었다면 그 세계에서 죽는 것은 이 세계에서의 죽음과 다르지 않다. 우리는 죽어도 사라지지 않는 존재지만 그것을 모르는 이들이 많고, 이땅에서 느끼는 존재란 육신의 있고 없음을 거의 전부로 느낄 수밖에 없기 때문이다.

눈에서 멀어지면 마음에서도 멀어진다는 말은, 사랑하는 사람이라도 자주 보지 않으면 그 관계를 장담할 수 없다는 의미다. 즉, 아무리 사랑한 사이라도 헤어져서 가까이 있지 않으면 서서히 마음에서 흐릿해지고 소멸된다는 뜻이기도 하다.

특히 여성은 남성에 비해 다른 사랑을 찾거나 이별한 연인과 관련 없는 자신의 생활이 생기면 거의 깨끗이 잊는다고도 한다. 남자와 달리, 여자의 새로운 삶이란 이전의 아픔과 기억을 잊는 것이 전제가 되어야만 비로소 가능한 것이기 때문이다. 물론 좋은 기억의 사랑이라면 애틋함까지는 잊지 않고 오래 추억하는 여자도 보았지만 남자가 생각하는 그런 정도나 방식은 아닌 것 같다.

2

사람은 누구나 자신을 떠난 연인이 언제까지나 자기를 그리워하길 바랄 것이다. 그리고 나를 버렸다면 십리도 못 가 발병이 나서 내게 돌아오든지, 그렇게 되지 못할 바에는 죽도록 고생이라도 했으면 하고 바라기도 한다. 그리고 심지어는, 나랑 끝까지 가지 못할 바에는 차라리 죽어버렸으면 하는 마음도 있을 수 있다. 좋은 사람 만나 잘 살라는 노랫말들, 얼마나 진실일까···.

하지만 질투와 아쉬움과 서운함으로 점철된 그 마음의 폭풍이 잠잠해지면 상대방의 사정도 이해하고 자신의 부족함도 떠올리게 되어 그 사람이 정말 아프지 말고 잘 살기를 바라는 마음이 될 것이다. 연애를 떠나 사람과 사람, 뜨겁게 사랑한 두 영혼으로서 그 사람의 축복을 바라게 될 것이다. 그래서 「엽기적인 그녀」^{OST}라는 이 노래는, 버림받은 사람의 복잡한 심경을 잘 드러내준다.

사랑했는데 믿었었는데 영원하기를 바랐었는데
어떡하라고 난 어떡하라고 그대 없이 난 어떡하라고

내가 싫다고 날 뿌리치고 떠난 그대가
하는 일마다 다 잘못된다면
나를 버려서 잘못된 거라 후회하겠지.
다시 만나자고 돌아올지 몰라.

안 되길 바래. 안 되길 바래. 하는 일마다 안 되길 바래.
나를 떠나서 나를 울려서 죄 받은 거라 생각하면 돼.

내가 싫다고 날 뿌리치고 떠난 그대가
하는 일마다 다 잘못된다면
나를 버려서 잘못된 거라 후회하겠지.
다시 만나자고 돌아올지도 모르지.
너무나 미안하다고, 나만을 사랑한다고 용서를 빌겠지.

내가 싫다고 날 뿌리치고 떠난 그대가

하는 일마다 너무 잘된다면

나를 버려서 다 잘된 거라 생각하겠지.

그러면 내가 비참해지잖아.

잘되길 바래. 잘되길 바래. 그래도 니가 잘되길 바래.

나를 떠나서 더 좋아진다면 속상하지만 나는 행복해.

내가 없는 곳에서 불행을 맞아 내게 돌아올 수 있다면 그것을 바랄 수도 있지만, 이미 내 품을 떠났다면 이제 더는 아프지 말고 잘 살기를 바라는 것이 헤어진 연인의 마음일 것이다. 「엽기적인 그녀」[2001] 영화와 관련 없이 그 스토리만 모티브로 만든 노래인 것 같은데, 영화에서 주인공을 떠난 여자처럼 홀연히 가버린 사람의 이야기를 하는 것 같다. 어느 날 갑자기 삶의 무대에 등장해 모든 것을 채웠다가 스스로를 견디지 못해 떠나버린 사람… 사실 버려진 사람에게는 변심한 연인의 마음처럼 낯설고 엽기적으로 느껴지는 것은 없을 것 같다.

서로 원하지만 여러 가지 여건을 극복하지 못하고 결국 헤어지는 경우에도, 그 모든 여건을 극복하기를, 내가 아닌 모든 이유는 포기하면서라도 상대가 나를 놓지 않기를 바라는 마음이 있기 때문에 서운함이 남는다. 그래서 선뜻 상대방의 행복을 당장 빌어주기는 쉽지 않다. 하지만 상대가 나 이후로 불행해지는 것과 행복해지는 것 둘 중 하나를 군이 택한다면 행복을 택할 수밖에 없다.

누구나 자신이 상대방에게 가장 소중한 사람이기를 원한다. 그것은 이별 뒤에도 마찬가지다. 아주 잊어주기를 바랄 정도로 나쁘게 헤어지지 않았다면 자신을 중요한 사람으로 기억해주길 바랄 것이다. 흔히 '좋은 사람 만나 행복하게 지내라'는 덕담은, 어차피 내가 가질 수 없고 누군가 꼭 만나야 한다면 여러 번 방황하지 말고 꼭 한 사람에게만 정착하라는 뜻일 수도 있다.

친구로 관계를 전환하든 서서히 멀어지든 단칼에 자르든 이별을 잘하는 방법은 저마다 다를 것이다. 하지만 어떤 방법이든 상대방이 내가 없으면 힘들어져서 자신의 존재감을 확인하기 바라는 것은 나쁜 태도다. 오히려 정말 상대가 덜 아프길 바란다면 나 없어도 잘 견딜 수 있게 해주어야 한다. 이렇게 할 수 있는 사람은 정말 좋은 사람이다. 그런 사람과 이별했다면 당신은 바보다.

사랑은 그리 대단하지 않다. 일 년 내내 화려한 꽃은 없다. 그런 속성을 알면서도 활짝 피었을 때의 아름다움을 보고, 마치 영원히 꽃잎이 지지 않을 것처럼 여겨 꿈을 꾸는 것이 사랑이다. 떠나간 사람은 떨어진 꽃잎을 쓸어버리고, 남아 있는 사람은 그 자리에 한창 때의 모습을 닮은 조화를 만들어 둔다.

그러나 사라진 그 아름답던 꽃을 되살려 가슴으로 옮겨 심고, 만들어 두었던 조화를 치워버릴 때 사랑은 비로소 힘든 한 페이지를 넘긴다. 그때까지는 자신이 아무것도 아닌 것 같은 공허함, 마음이 머물 곳 없어서 죽을 것 같은 고통을 참아내야 한다. 그런 고통은 화려했던 꽃이 지닌 가시와도 같은 것이다.

이별을 잘 해내는 방법이 따로 있을까? 그런 것은 어디에도 없는 것 같다. 그저 이별을 잘한다는 것은, 그 힘겹고 무거운 한 페이지를 넘기는 과정들을 바보 같은 짓으로 채우지 않고 잘 참아내는 것이 아닐까. 그것은 즐겁고 행복했던 순간들에 대한 대가이며 자신이 누렸던 기쁨이 지닌 양면의 날 같은 것이기 때문이다.

누구의 삶도 평균을 내면 똑같은 회색이 되듯이, 눈부신 사랑일수록 그 이면에는 이별이라는 치명적인 위험을 함께 지니고 있다. 상처에 대비해 밋밋한 사랑을 원한 것이 아니라면 기쁘게 받아들여야 할 아픔이다. 너무 행복해 그것이 깨질까 두려웠던 일들이 현실이 되어 찾아온 것이 이별일 뿐이다. 그런 만큼 사랑이란 그리 대단한 것이 아님을 기억하면서, 어두운 밤이 끝나기를 잠잠히 기다려 보라.

소개팅을 잘하는 방법?

어떤 남성 독자가 소개팅을 하게 됐는데, 어떻게 준비하면 좋겠느냐고 질문을 해왔다. 그야 뭐 '잘~' 하면 되는 것이니 너무 막연한 질문인 것 같고, 서로의 조건과 연령과 처한 환경 등에 따라 대처 방법이 크게 다를 것이기 때문에 상담 자체가 좀 막연한 일이긴 하지만, 전반적으로 지켜야 할 부분을 짚어 보았다.

1. 기대하지 말라

기대의 법칙은 항상 우리를 배신한다. 기대한 만큼 실망하게 돼 있다. 특히 처음 만나는 대상에 대해서는 외모를 보기 마련인데, 만나기 전에 마음속의 기대와 부실한 정보로 만들어진 예상 이미지가 실물과 다른 것은 당연하다. 예상보다 낫다면 괜찮지만 그렇지 못하면 처음부터 당황되고, 생각은 자꾸 이런저런 계산으로 꼬리를 물게 된다. 요즘 주고받는 프로필 사진은 더욱 믿을 것이 못 된다.

소개해주는 사람은 대개 양쪽을 다 아는 지인일 경우가 많다. 주선자가 둘을 연결할 때는 자신도 나중에 욕먹지 않을 만큼 믿는 사람들이기 때문에 만남을 제안하는 것이므로 자기가 소개하는 사람에 대해 기본적 호의와 친근함, 익숙함을 갖고 있어서 외모도 일반인보다 호감을 갖기가 쉽다. 그래서 좋게 전달하게 되는 것이다.

게다가 조금이라도 예상을 해 보려고 "어떻게 생겼어?", "연예인 중에 예를 들어봐."라며 자꾸 보채면, 느낌만 비슷한 아무개를 제시하게 되는데, 그보다 덜하다는 것은 물론 알지만 그 엄청난 현실과의 괴리(?)에 첫 대면부터 표정관리가 안 되고 초장부터 김이 빠지게 된다.

외모를 안 볼 수는 없으나 마음을 비워야 한다. 그리고 사람의 내면을 볼 수 있어야 하고, 대화를 통해 상대를 알아가야 한다. 하나님은 외모를 중시하는 것을 죄악으로 여기시므로 외모를 따라 배우자를 선택하는 이들에게는 징계에 가까운 역경이 따를 수 있다. 아무튼 일단 기대는 접고, 자신도 완벽하지 않음을 다시 한 번 깨달으며 첫 만남의 장소로 가는 것이 중요하다.

2. 기대하게 하지 말라

이것은 만나서 대화하며 서로를 알아가는 중에 필요한 일이다. 상대에게 조금이라도 호감을 갖게 되면 자신을 어필하고 싶은 것이 당연하다. 이때 자신을 너무 포장하면 상대에게 불필요한 기대감을 주게 된다. 그것은 지속적인 만남이 이루어질 때 얼마 못가서 실망으로 나타나므로 솔직한 모습을 보여 주는 것이 중요하다.

가령 자신은 TV를 봐도 뉴스만 보고, 책도 많이 읽는다든지, 친구들 간에 인정받는 원만한 사람인 척 자신을 특별하게 포장하고 싶은 유혹을 버려야 한다.

'광고'라는 의미로 주로 쓰이는 'PR'Public Relation이라는 말은 '공공의 관계'라는 의미인데, PR이 '피할 것은 피하고 알릴 것은 알리는 것'이라고 표현하기도 한다. 조크지만 적절한 표현이다. 단점이나 공개하기 어려운 것은 거짓으로 포장하는 것이 아니라 피하는 것이 광고이며 공공의 관계이다.

사람도 마찬가지로, 피하고 알리지 않는 것과 거짓을 전달하는 것은 다른 문제이다. 자신의 전력이나 과거 등 어차피 드러날 일을 거짓으로 말해서 상대를 혼란에 빠뜨리면 안 된다. 그런 정보 하나하나는 상대방의 선택에 결정적인 요인이 될 수 있기 때문이다. 사람이 이성을 사랑하고 반하게 되는 것은 의외로 작은 매력이거나 한두 가지의 장점 때문인 경우가 많다. 이런 것을 속이면 잘못된 판단을 하게 만들 수 있으며, 그것은 미래에 부정적인 결과를 가져오거나 상대방을 깊은 괴로움에 빠뜨릴 수 있다.

무조건 진실하되 과거나 불필요한 사실들에 대해서는 숨긴다기보다 피하고 말하지 않는 것이 좋다. 말해서 도움이 되지 않는 일이라서 공개하지 않았다면 끝까지 함구하는 것이 좋다.

3. 부담을 주지 말라

첫 만남에서 오버하지 않는다. 너무 진도가 앞서가는 이야기를 한다든지, 자기 이상형이나 상대를 만나면 이루어갈 목표, 부모님이 원하시는 배우자상 등을 말하는 것은 좋지 않다. 그러면 상대방은 너무 부담을 느껴 탐색하려고 했던 것도 포기할 수 있다.

소개팅은 안 그래도 부담스러운 자리다. 약간 어색해지면 주선해준 사람과의 관계도 어색해지기 때문에 조심스러운 경우가 많다. 조금만 어그러져도 웬만하면 없던 일로 하기가 쉬운 만남이므로 최대한 편안하고 무색투명한 것이 좋다. 대화도 정치관과 철학과 세계관 등 너무 특별한 자기 세계를 말하기보다는 평범한 이야기를 나누는 것이 좋다.

4. 공감대와 비밀을 형성하라

대화가 조금 통하는 경우에는, 당연히 둘만의 공감대를 만들면 좋다. 관심 분야라든지 영화 이야기, 또는 그때그때 눈에 보이는 이야기를 하면 된다. 커피를 마시면 커피 이야기를 하고, 만남 장소에 얽힌 기억이 있으면 그것을 이야기하고, 흘러나오는 음악이나 지나가는 사람의 복장을 보고 떠오르는 게 있으면 그런 이야기를 하는 것도 좋다. 옛날 고등학생들의 미팅처럼 가족관계와 사는 곳 등 호구조사를 마친 후 취미·특기·장래희망의 3종 세트를 묻는 식의 대화는 최악이다.

비밀이 생기면 좋다. 소개해준 사람에 대해, 서로가 가진 추억을 공유한다거나 그날 둘이서만 본 것들에 대해 의미를 부여하는 것도 좋다. 정해진 방법은 없다. 아무튼 서로 공통분모를 찾고, 둘만 아는 이야기를 만들어 공유하라.

상대방의 직업이나 출신지 등 조금 더 정보를 얻는 것도 좋다. 그와 관련한 생각이나 상식을 대화의 주제로 꺼낼 수도 있을 테니, 어색함도 줄일 수 있고 상대방의 호의도 끌어낼 수 있을 것이다. 하지만 너무 지나친 관심이나 흥신소 직원 같은 질문은 오히려 상대를 당황시킬 수도 있으므로 자연스러운 선에서 마무리해야 한다.

무엇이든 과한 것은 좋지 않다. 성사되지 않아도 정중함과 매너는 끝까지 잘 지켜야 한다. 나중에 주선자와 관련된 다른 사람의 결혼식장에서 마주칠 수도 있고, 주선자에 대한 예의도 중요하기 때문이다.

5. 만남의 성격과 목적을 고려하라

상대방에 대한 자세한 이야기는 만나서 듣는 것이 좋지만, 사전에 상대를 조금 더 아는 것은 필요하다. 직장인이면 해당 직업이 대략 어떤 일을 하는지, 어려움은 어떤 것인지 간단히 알 필요가 있다. 상대의 직업에 따라 최근의 관련 이슈에 대해 대화를 나눌 수 있기 때문이다.

여성이 삼십 대 이상이면 재미로 소개팅에 나온다고 보기는 어렵다. 그렇다면 조금 더 진지한 만남을 예상해야 하고, 마음가짐도 이십 대를 만나는 것과는 달라야 한다. 대화나 의견 등에서도 어른답고 진지한 자세가 필요하다.

엄마가 한 번만 나가라 해서 왔다든지, 호기심에 나왔다든지, 나오긴 했는데 연애나 결혼에 관심 없다든지, 목적과 상황은 저마다 다르다. 그런 사람에게 자기 목적과 기준만 들이대선 안 되고, 그때그때 적절히 반응하며 대처하는 것이 좋을 듯하다.

6. 애프터는 인상적으로

분위기가 괜찮았다면 만남 후 헤어지기 전에 한쪽이 애프터를 신청할 수도 있지만, 실례가 될 수 있으니 일단 그냥 헤어진 뒤 나중에 연락하는 것이 일반적이다. 아직은 남자가 먼저 하는 경우가 많다. 만남의 분위기에 따라 다르겠지만 처음 한 번은 주선자에게 의사를 전달하는 것도 좋은 방법이다. 물론 그 다음부터는 두 사람이 알아서 할 일이다.

그런데 서로 상대방에 대해 '과연 애프터를 받아줄까?', '거절하면 어쩌나…' 하는 생각이 들 수도 있고, 거절하는 마음도 편하지 않을 수가 있다. 그럴 때 (예를 들어) 떡갈나무에 노란 리본을 다는 심정으로, 여성에게 며칠 후까지 메신저의 프로필 사진을 바꿔놓아 달라고 요청할 수 있다. 맑은 하늘 사진이면 오케이, 밤하늘이면 거절이라든지 간단한 사인을 정해두면 굳이 용기 내서 애프터를 신청하는 부담이나 왜 먼저 애프터를 신청하지 않나 하는 불쾌감, 또는 거절해야 하는 난감함 등이 해결될 수 있고 둘만의 비밀도 생길 수 있다.

물론 그런 것도 이야기가 좀 잘 됐을 때 꺼낼 수 있는 것으로, 호감도 없는데 저런 이야기를 하면 상대를 어이상실 상태로 만들 수 있으니 조심해야 한다.

7. 잘 들어주라

대개 나가면 무슨 이야기를 해야 하나 고민하지만, '어떻게 잘 들어줄까'를 고민하는 것이 훨씬 전략적이다. 대화를 잘 이끌어내는 사람은 적당히 말하고 잘 듣는 사람이다. 또한 풍부한 리액션과 공감을 통해 적절한 질문을 하고, 그에 대한 대답이 즐겁도록 유도하는 사람이다. 절대 돌출 발언이나 매너 없는 행동은 자제해야 하며, 마음에 들든 안 들든 잘 마무리해야 한다.

남자는 허세를 부리거나 자기 자랑, 인맥 자랑, 경력 자랑 등을 자제하지 못하는 경우가 많으므로 이점을 조심해야 한다. 나의 끗발(?)이 상대의 호감을 이끌어낼 것이라는 생각은 착각이다.

또한 성형 이슈 등 상대방 여성도 해당될 수 있는 문제를 눈치 없이 비난하거나 웃음의 소재로 삼는 등의 실수도 조심할 부분이다. 혹은 그녀는 성형을 안 했어도 그녀의 어머니나 가족을 모독하고 있을지도 모를 일이다. 말이 너무 많으면 실수도 따르는 법이다. 어떤 경우라도 인격적이고 성실한 자세로 임해야 좋은 인상을 남길 수 있다.

그러나 필요한 질문은 꼭 하도록 한다. 상대방이 어떤 생각으로 살아가는지, 괜찮은 취미를 가졌는지, 술을 많이 마시는지, 혹시 이단으로 분류되는 곳에 속한 사람은 아닌지 등등 중요한 가치관을 알 수 있는 질문은 직접적이지 않더라도 자연스럽게 물어볼 필요가 있다.

8. 절반은 통하였음을 알라

주선자가 두 사람을 함께 떠올렸다는 것만으로도 어느 정도 어울릴 것 같다는 판단을 했음을 의미한다. 길 가다가 운명적 만남과 맞닥뜨릴 한 방을 찾지 말고 다가온 기회를 잘 활용하는 것이 좋다.

소개로 잘 만나면 전쟁 같은 사랑을 한 커플보다 잘 살 확률도 높다. 그 역시 큰 기대보다는 서로 잘 맞춰보려는 의지가 있기 때문이다. 또 그 자리까지 나오기로 한 것도 쉽지 않은 결정이었을 것이다. 서로 무언가 필요가 있었던 만큼 조금 더 전향적인 자세를 가지면 좋을 듯하다.

9. 사람을 조심하라

남녀를 불문하고 요즘 이상한 사람이 참 많다. 잘못된 신앙이나 엉뚱한 일에 빠져 있는 사람도 많고, 겉으로 드러나지는 않아도 정신이 흐릿한 사람도 너무나 많다. 일단 사람을 조심하라. 인격의 존엄함은 똑같아도 사람의 수준은 분명히 존재한다. 연애는 적선이 아니다. 최소한 나와 비슷하거나 나보다 낫다고 여겨지는 사람을 찾는 노력이 필요하다. 절대로, 절대로 성급해선 안 된다.

사실 소개팅의 방법을 이론적으로 배울 수 있을까? 배웠다 해도 적시에 잘 써먹을 수 있을까? 아마 힘들 것이다. 너무 많은 변수와 돌발 상황이 임기응변을 요하기 때문이다. 다만 소개팅에 나갈 때 특정한 방향과 목적, 진지함을 다짐하고 상대를 존중하되 마음을 비우고 나가면 된다. 누가 아는가, 오래 기다린 자신의 반쪽을 만나게 될지.

기대하지 말라고 썼지만 기대가 되는 것은 어쩔 수 없다. 다만 상대방도 나만큼 기대한다는 것을 잊지 말아야 한다. 그런 자리에 나가는 것은 젊음의 특권이다. 성공률이 무척 낮은 것이 소개팅이긴 하지만, 밑져야 본전이라는 생각보다는 좋은 인연을 개척한다는 마음으로 나선다면 어렵게 낸 시간이 아깝지 않은 귀한 만남이 될 것이다.

사랑을 빙자한 사랑

1

오래전 「남남」이라는 유행가에 이런 가사가 있었다.
"사랑해. 그 순간만은 진실이었어."

어떤 이들은 연인을 버리고 난 뒤 누가 비난을 하면 자신도 처음엔 사
랑했다면서 변명 대신 이 가사를 인용하기도 했다.
"그 순간만은 진실이었어."

어릴 때, 그 시대의 분위기로는 정말 가사가 희한하다고 느낀 「아리
송해」라는 노래에도 그런 가사가 있었다.

사랑하기 때문에 미워한다는 터무니없는 말이 아리송해.
사랑하기 때문에 돌아선다는 앞뒤 틀린 그 말이 아리송해.

어른이 되어서는 이렇게 말할 수 있는 이유를 알 수 있었고, 이렇게 말
하는 사람도 그 뜻을 알면서 상대를 원망하는 것일 수 있음을 알게 되
었다. 하지만 '떠날 때는 말없이'라는 말처럼, 떠나는 사람은 말없이 떠

나는 것이 낫다. 차라리 다른 변명이 낫지 "그때는 사랑했다.", "사랑하기 때문에 떠난다."는 말은 좀 도리가 아닌 것 같다. 그런 기구한 상황이 분명히 있긴 하지만, 상대방이 동의하지 않은 이별일 때는 결국 변명에 지나지 않기 때문이다.

2

　우리가 잘하는 실수 중 하나는 좋은 게 있으면 무엇이든지 너무 남발한다는 것이다. 사랑에 대해서도 마찬가지다. 사랑을 묵묵히 실천하기보다는 그저 입에 달고 살면 되는 것으로 여겨 남과 나를 속인다. 교회이야기, 종교 이야기를 자주 하고, 성경 용어를 많이 쓰고, 신학적 주제를 자주 다루면 꽤 거룩한 은혜 속에 살기라도 하는 것처럼 착각하는것과 비슷하다.

　어떤 여성의 고민 글을 보니, 남자친구가 스킨십과 하룻밤을 요구하는데 거절하니까 "사랑하는데 이것도 못하느냐", "사랑한다더니 거짓말이었냐", "사랑을 확인하고 싶었다."라고 말을 해 곤란하다는 것이었다. 그런 말에 속거나 순응하는 여성들도 많으며, 거절했다가 이별하는 경우도 많다.

　이렇게 사랑은 종종 특정한 목적을 위해 '사용'된다. 다른 필요를 채우려는 것이면서도 상대방을 사랑하는 것으로 스스로를 속이거나 양심의 차오름을 그저 덮어두기도 한다.

　그것도 사랑일까…. 물론 상황이 지나가기 전까지는 그 감정을 사랑으로 알 수도 있지만, 어차피 "그 순간만은 진실이었어."라고 변명할 수밖에 없는 과거는 진짜 사랑이라고 인정해주고 싶지 않다. 아무리 변명하려 해도 우리는 이래저래 사랑을 이용하고, 그 뒤에 숨고, 그것을 가면으로 쓰기도 한다. 그리고 자기가 그러고 있는 줄도 모른다. 아무도 자기가 사랑을 빙자한 사랑을 하고 있다고 순순히 인정하지는 않을 것이다.

문제는 이런 피해가 대개 여성에게 간다는 것이다. 남자도 그런 여자에게 마음의 상처를 입으면 더 다칠 수 있지만 사회의 편견과 소문과 선입견 때문에 여자가 겪는 고통은 더 클 수 있다. 외적인 영향은 당연히 내적인 상처와 괴로움이 된다.

그러면 어떻게 사랑을 빙자하지 않는 진짜 사랑을 지닌 사람을 만날 수 있을까. 참 어려운 숙제다. 그런 사람이 나타날 때까지 외로움과 허전함을 참기란 쉽지 않으며 기다리다 끝나고 말 정도로 드물기 때문이다. 게다가 그런 사람들은 그리 매력적이지 않고, 그야말로 오래 보아야 그 아름다움을 알 수 있는 경우가 많다.

3

주변에서, 혹은 모르는 사람이 온라인을 통해, 어떤 사람을 만나야 할지, 또 지금 만나는 사람이 있는데 어떻게 판단할지, 이런 연애 상담을 해오는 경우가 종종 있다. 그것은 그만큼 사람을 판단하기가 어렵다는 뜻일 것이다. 그런데 이런 고민은 대개 여자들의 것이다.

솔로 남자들의 질문은 대개, "저는 왜 안 생길까요?" 이런 것이지만, 연애 중인 남자들의 고민은 이런 것이 많다.

"그녀는 왜 그럴까요?"
"어떻게 해야 좀 더 다가갈 수 있을까요?"

남자들은 그녀를 파악해 어떻게 좀 더 가까워질까 하는 것이 주관심사라는 것이다. 그래서 온갖 수단을 써서 진정한 내 여자로 만들기 위해 최선을 다한다. 그 온갖 수단 중 가장 필수적이면서도 효과적인 것이 '사랑'이기 때문에 사랑을 빙자하기 쉬운 것은 주로 남자이다.

여자들은 사랑이 진실인지, 그가 좋은 남자인지 판단하려면 그가 말을 앞세우는지 행동을 앞세우는지 보아야 한다. 말로 사랑을 앞세우고 자신은 뒤에 서 있는 사람을 가려낼 줄 알아야 한다.

선물공세나 이런 것은 모두 진실한 행동으로 보기 어렵다. "너의 보물이 있는 곳에 네 마음이 있다."는 진리의 말씀이 있지만, 남자가 보물과 재물을 쓸 때는 거기 사랑만 담긴 것이 아니라 특정한 욕정의 목표를 빨리 앞당기기 위한 의도가 담길 수도 있다.

명확한 것은 없는데 일단 진도부터 나가고 보자는 남자의 속도에 휘말리면 안 된다. 이때 남자의 가장 큰 무기가 '사랑'이다. 남자에게 진심이 전혀 없다는 의미는 아니지만, 길이 아닌 길을 가려고 하는 모든 경우는 궁극적으로 다 사랑을 빙자하는 것이며, 그것의 원래 이름은 집착과 욕심과 정복욕이다.

세상에는 정말 인격적이고 사랑다운 사랑을 하는 남자도 있지만 생각보다 훨씬 적다. 확률적으로 그런 남자가 쉽게 나한테 왔으리라고 속단하면 판단력이 흐려진다. 그렇게 진짜 타이밍을 조금 미뤄도 함께 기다려주는 남자는 좋은 사람이며, 비교적 성숙한 남자일 것이다.

실수 많고, 어설프고, 후회도 많은 것이 사람의 일이지만 최소한 어떤 목적을 위해 조금이라도 상대방을 속이는 일은 없어야 한다. 본인이 사랑을 빙자한 사랑을 하고 있는지는 자기 자신도 모를 수 있다. 그러나 적어도 나중에 자기가 그 사랑을 저버린 후에 '그 순간만은' 진실이었다는 변명은 하지 않을 수준이 되어야 할 것 같다.

연인을 '목표'로 알고 사랑을 '수단'으로 여기는 것은 잘못이다. 사랑을 수단이 아니라 목표와 목적 자체로 삼는 사람이 바른 사람이고 좋은 사람이다. 여성들은 남자들이 하는 '사랑의 말'들을 곰곰이 생각해 볼 일이다.

불신자와의 결혼에 대하여

불신자와는 헤어져도 된다?

신앙이 없는 사람과 결혼하는 문제…. 과거에 불신자를 만나 지금까지 살고 있는 크리스천이나 불신자와 연애를 하면서 결혼을 고려중인 젊은이와 그 부모라면 고민하지 않을 수 없는 문제이다.

"불신자와는 결혼하지 말라."고 단정적으로 말하면 꽉 막힌 폐쇄적 크리스천이라고 비난할지 모른다. 불신 가족과의 갈등으로 고통받는 이들에게는 아프게 들릴 수도 있다.

그래도 아닌 것을 맞다고 할 수는 없는 노릇이다. 그렇다고 해서 꿰맞춘 성경 구절을 들이대면서 믿지 않는 배우자를 마귀 취급하거나 불신자와 했던 그 결혼의 의미를 폄하하고 축소할 생각은 전혀 없다. 누구와 했든지 부부는 하나님이 한 몸으로 인정하시는 가족이며, 하나님이 존중하시는 자유의지의 결과이다. 책임은 남는 것이지만 결혼은 절대적인 가치이므로 모든 고민과 해답은 그것을 깨지 않는 것을 전제로 이루어져야 한다.

예수님의 말씀 중 가족을 버리고 믿음을 택하라는 것처럼 들리는 부분이 있어서 오해하는 경우도 많은데, 그것은 아직 구약시대, 즉 십자가 사건 이전인 예수님의 공생애를 기록한 복음서에서 하늘로부터 임하는 땅의 왕국이 건설되는 때에 유대인들에게 주신 말씀이다.* 그렇게 될 수밖에 없는 (당시 세상이 끝나고 새로운 세상이 되려는) 극단적인 상황을 말하는 것뿐이다. 신약시대의 크리스천도 믿지 않는 사람과는 결국 천국과 지옥으로 나뉘어야 하는 순간이 있는 것과 마찬가지이다.

그때 새로운 세상은 유대인들이 받아들이지 않음으로써 현실이 되지 않았지만, 예수님의 말씀은 천년왕국 때 이루어질 것이므로 여전히 효력이 있다. 다음은 그 문제의 말씀이다.

또 내 이름으로 인해 집이나 형제나 자매나 아버지나 어머니나 아내나 자녀나 토지를 버린 모든 자는 백 배를 받고 또 영존하는 생명을 상속받으리라. 마 19:29

이 말씀을 대충 이해해 불신자인 배우자가 따르지 않으면 버려야 한다고 주장하기도 한다.

---

* 이 '하늘의 왕국(kingdom of heaven)'은 처음부터 한국어 성경에 (죽어서 가는) '천국'으로 번역되어 큰 혼란을 주었지만 예수님이 왕이 되셔서 땅에 임하는 왕국이다. 유대인들이 예수님을 죽이고 이 왕국을 거부함으로써 이방인에게 복음이 선포되어 교회 시대가 열렸고, 왕국은 재림 후 다가올 천년왕국으로 연기되었다.

이 말씀은 그런 문맥이 아니다. 일단 이 말씀에 '남편'을 버리는 이야기가 나오지 않는 이유는 (모두 남자인) 제자들의 질문에 대답하신 부분이기 때문이다. 이것을 현대를 살아가는 크리스천 전체에 일반화하면 큰 문제가 된다. 제자들의 신분은 '유대인'이다. 그리고 그때는 주님이 오셔서 지금 막 땅에 하늘의 왕국을 건설하시려는 시점이다. 그대로 이루어졌더라면 그들에게는 바로 일어날 일이기 때문에 모든 것을 버리고 주님을 따라도 될 정도, 아니 그럴 수밖에 없는 상황이다. 안 믿는 배우자와 이혼하라는 이야기가 아니다.

만일 불신자와는 이혼하라는 이야기였다면, 주님은 같은 마태복음 19장의 초반부에 이런 말씀을 하지 않으셨을 것이다.

말씀하시기를, 이런 까닭에 남자가 아버지와 어머니를 떠나 자기 아내와 연합하여 그들 둘이 한 육체가 될지니라, 하신 것을 너희가 읽지 못하였느냐? 그런즉 그들이 더 이상 둘이 아니요, 한 육체이니 그러므로 하나님께서 짝지어 주신 것을 사람이 나누지 못할지니라, 하시거늘

마 19:5-6

그러면 맨 처음 말씀을 그 앞 절과 함께 다시 보자.

예수님께서 그들에게 이르시되, 진실로 내가 너희에게 이르노니, 다시 나게 하는 때 곧 사람의 아들이 자기의 영광의 왕좌에 앉을 때에 나를 따른 너희도 열두 왕좌에 앉아 이스라엘의 열두 지파를 재판하리라.

또 내 이름으로 인해 집이나 형제나 자매나 아버지나 어머니나 아내나 자녀나 토지를 버린 모든 자는 백 배를 받고 또 영존하는 생명을 상속 받으리라. 마 19:28-29

바로 이때, 제자들이 열두 왕좌에 앉아 이스라엘을 재판하는 때의 말씀이다. 교회이자 이방인인 우리에게 이혼 권장의 문맥으로 결단코 적용할 수 없다.

물론 신약 교회에 주는 지침에도, 믿음의 문제가 맞지 않아서 굳이 믿지 않는 배우자가 떠나겠다고 하면 보내 줄 수 있다는 구절이 있지만(고전 7:15), 이조차 그것을 권장하는 문맥이 아니라, 불신자도 잘 설득해 믿음을 갖게 하라고 가르치면서, 최악의 경우에 관한 해답을 말한 것뿐이다(219-220쪽 참고).

그러므로 결혼을 소홀히 한다든지 부부 사이를 간섭하고 끼어들어 판단하는 종교나 단체나 지도자는 무조건 사이비로 보면 될 것이다.

불신자와의 결혼에 관한 안타까운 실태

나는 불신자와의 결혼 문제에 보수적일 수밖에 없는데, 학교 동기 이외에는 남녀를 막론하고 한 번도 불신자와 진지한 사귐을 가져 본 적이 없고, 평생 함께 가는 친구들도 교회 친구들이 대부분이다. 내가 젊어서부터 믿음이 대단해서가 아니라, 그냥 살다보니 그렇게 됐다. 성인이 된 후 믿지 않는 사람과는 비즈니스가 아니라면 사흘 이상 나눌 이야기가 없었다. 그렇다고 사람들과 늘 하나님 이야기만 한 것도 아니지만, 잘못 가도 모든 삶의 전제와 최종 지향점은 기독교이기 때문에 일단 대화 자체가 이어지지 않았다. 인생의 모든 문제가 창조자 되시는 아버지 하나님과 연결돼 있는데 미래와 전 생애를 함께 나눌 사람이 다른 종교를 가졌거나 종교가 없다면 어떤 합의와 결론에 도달할 수 있는지 모르겠다.

종교의 자유를 침해하지 않는다 해도 마찬가지다. 두 사람 중 한쪽은 희생해야 하는 것이 종교 문제다. 물론 불신자를 선택하는 사람들은 사람 됨됨이를 보고 결정할 것이다. 사람만 보면 오히려 크리스천보다 나은 사람도 많고, 크리스천에게 실망한 사람이라면 먼저 배우자감에서 제외했을지 모른다.

크리스천을 원했지만 여러 이유로 불신자와 결혼한 이들이 있다. 하지만 배우자의 신앙 문제를 제삼자가 함부로 말하기 어려운 것은, 배우자와 믿음이 달라 고민인 크리스천들에게 비수가 될 수 있기 때문이다. 그들에게는 가족과 끝내 다른 길로 가서 다음 세상에서는 영영 만나지 못한다는 경고일 수 있고, 불신자를 택한 자신들을 정죄한다고 오해할 수도 있다.

불신 배우자에게는 계속 듣도록 전하되 바른 복음과 정확한 변증을 통해 온유하게 전해야 하고, 교회생활보다는 가족들과 가정에 더 충실한 모습을 보이며 끝없는 사랑을 주는 것이 좋다. 오래 참음을 바탕으로 너무 강요하지는 말아야 하지만, 정말 가끔은 눈물로 진심을 담아 함께 천국에서 영원히 살자고 간곡하게 설득해야 한다.

또한 믿으려다가도 요즘 교회의 물질주의와 기복신앙 등 부정적인 모습에 뒤로 물러설 수 있으니 나부터 정상적이고 상식적인 신앙인이 되어야 한다. 그리고 소망을 잃지 말아야 한다.

오 아내여, 네가 네 남편을 구원할지 어찌 알 수 있으리요? 오 남자여, 네가 네 아내를 구원할지 어찌 알 수 있으리요? 고전 7:16

결혼을 앞둔 크리스천 젊은이들에게

아직 결혼 전인 젊은이들에게는 꼭 이 문제에 신중할 것을 당부하고 싶다. 배우자와의 문제는 요행을 바랄 일이 아니고 말로 합의할 사안도 아니다. 물론 이상한 단체들이 하듯이 억지로라도 같은 신앙끼리 만나야 한다는 차원이 아니다. 모든 것은 자연스럽고 정상적인 과정을 통해야 한다. 그것이 하나님의 뜻이다.

대개 불신자와의 결혼을 반대할 때 이 구절을 근거로 제시한다.

너희는 믿지 않는 자들과 더불어 공평하지 않게 멍에를 같이 메지 말라. 고후 6:14 상반

본디 멍에란 그 자체로도 짐인데, 하나님을 거부하는 사람과 같이 진다는 것은 본인 자신에게 얼마나 힘든 일이겠는가. 믿지 않는 사람과

짐을 함께 지려면 더 참아야 하고, 더 양보하며 희생해야 한다. 벙어리와 귀머거리 노릇을 해야 할 때도 있다.

요즘 청년들은 교회에 또래 집단도 별로 없을 뿐 아니라, 종교의 자유가 있는데 왜 꼭 믿는 사람과 결혼해야 하는지 잘 모를 정도로 믿음도 자유분방하다. 그래서 다 잔소리로 듣겠지만 이는 매우 중요한 문제이다. 그러니 결혼을 앞둔 사람은 다음 사항들을 꼭 주의 깊게 고민하고 바른 판단을 하면 좋겠다.

1. 나는 구원받았는가?

구원받은 사람은 불신자와 종착역이 다른 사람이다. 어차피 다른 곳으로 갈 사람들이 백 년 아니라 천 년 해로를 한들 무슨 의미가 있을까? 먼저 자신의 구원을 정확히 받고 나면 배우자 선택 문제는 고민이 필요 없을 만큼 명료해질 수 있다.

2. 왜 신앙인을 찾는지 스스로 점검하라

교회 문화가 익숙해서, 부모님이 반대해서, 교회 다니면 술 담배를 덜 하니까, 종교 문제로 싸우기 싫어서… 이런 이유로 신앙인을 찾는 것은 아닌지 자신을 돌아봐야 한다. 자기가 편해서, 자기한테 맞춰주길 원해서 기독교인을 찾는 것은 바람직하지 않다.

가정은 하나님의 선물이고 교회보다 먼저 세워진 공동체이다. 이 원리에 부합해 함께 하나님을 섬기려는 궁극적이고 장기적인 의도가 본인에게 있어야 한다.

3. 교회 출석 약속을 쉽게 믿지 말라

교회에 나간다고 다 크리스천은 아니지만 그나마도 지키는 사람은 매우 드물다. 선거 전에는 후보자가 무슨 공약인들 못할 것인가. 하늘의 별도 달도 따줄 것 같은 연애 시절의 말은 각서를 쓰고 혈서를 써도 말처럼 되는 것이 아니다. 이런 약속을 하는 사람을 선택하는 심리는 약속을 믿어서라기보다 불신자지만 결혼하고 싶은 사람의 자기 위안일 수 있다. 약속이 아니라 스스로 믿음을 갖고 구원과 성경에 관심을 보이며 최소한 자기 가정을 한 믿음으로 유지하겠다는 개념은 있어야한다. 이 과정도 위장할 수는 있지만, 내가 구원받은 사람이라면 대화를 통해 충분히 진위를 알 수 있다.

4. 바리새인 같은 횡포를 부리지 말라

내가 기독교인인 것이 무슨 벼슬은 아니다. 오히려 상대방이 갑이고 내가 을이 되어야 한다. 불신자는 신자를 핍박할 수밖에 없다. 이것을 견디는 것이 그 사람을 감당하는 바른 자세다. 믿음이 없다고 정죄하고, 말이 안 통한다고 제쳐두는 식으로, 바리새인이 특권의식으로 이방인들을 정죄한 것과 같은 관점을 지니면 안 된다. 그 사람은 당신을 통해 기독교와 하나님을 읽는다는 것을 잊지 말자.

5. 그래도 해야겠다면 어쩔 수 없다

하나님은 사람의 자유의지를 꺾지 않으시고, 어떤 결정이든 존중하신다. 심지어 하나님을 거부하고 지옥에 가겠다는 결정도 억지로 막지 않으신다. 그것이 존귀한 인격체의 기본 전제이기 때문이다. 그러므로 불신자와 굳이 결혼하겠다면 그것도 억지로 막을 수 없다. 또 다른 불행을 불러올 수도 있는 일이기도 하다.

그러나 어떤 선택이든 대가는 항상 따른다. 그 뒤로는 가시밭길을 걷겠다는 각오가 있어야 한다. 이런 경우는 머지않은 날에 상대방을 전도하는 전화위복을 꿈꾸는 수밖에 없다.

지지고 볶아도 하나님 안에서

세상 사람은 만나지도 말고 기독교인끼리만 뭉치자는 것이 아니다. 결혼 자체를 하나님이 창조하신 것이니 하나님을 기쁘시게 하면서 스스로도 행복해야 진짜 행복이라는 거다. 한 사람을 더 전도하고 그 사람과 함께 믿음의 자녀를 낳는 것은 하나님이 기뻐하시는 일이다.

결혼 적령기의 청년은 물론 중·고등학생에게까지 이런 개념을 잘 가르쳐야 행복한 인생을 설계할 수 있다. 행복이란 단순히 잘 먹고 잘 사는 것이 아니고, 지지고 볶아도 하나님 안에서 몸부림치는 것이다. 내일을 보장받지 못하는 이 험한 세상을 하나님도 없이 어떻게 살아가겠다는 것인가?

결혼은 둘이 마주 보는 것이 아니라 한 곳을 바라보는 것이다. 혹은 한 배를 탔다고도 표현한다. 그런데 같은 배를 타고 다른 곳을 보며 어떻게 정상적으로 강을 건널 수 있을까? 그런 부부는 결국 하나님이 아닌 다른 것을 함께 바라보게 될 것이다. 이 문제로 고민하고 기도하는 기혼·미혼의 모든 이들이게 하나님의 위로와 함께 말씀 안에서의 해답이 있기를 바란다.

달라서 더 서로가 필요한 반쪽과 반쪽

달라도 너무 다른… 통역이 필요한 사이

남자&여자

다름과 어울림 돌아보기

남녀 사이에 친구가 있을까?

1

남녀 사이에 친구가 가능할까?

마침 이 주제로 지하철에서 스마트폰을 이용해 글을 쓰는데, 한 젊은이가 자기 친구와 통화를 하면서 말한다.

"야, 웃기지 마. 친구 같은 소리 하네…. 남녀 사이에 친구는 절대 없다는 거, 그게 진리다, 너."

대개는 이 젊은이처럼 생각을 한다. 그러나 이런 말을 부정하고 싶은 사람도 있을 것이다. 이 문제가 궁금한 사람 중에는 자기 연인의 이성 친구가 신경 쓰여서 불가능의 증거들을 찾으려는 사람도 있을지 모른다. 보통 자기 이성 친구는 절대 친구 이상은 아니라고 하면서도 연인의 이성 친구는 결코 불가능하다고 믿고 싶을 텐데, 특히 욕구가 일차원적인 남성들은 (자기도 남자지만) 남자는 아무도 못 믿을 존재로 여기기 때문에 더 그럴 것이다.

사실 남녀가 친구가 될 수 있는지 없는지는 논할 필요조차 없다. 세상에 아무도 없고 남자와 여자만 있다면 둘은 친구일 수 없으니까. 정말로 동성 같은 이성 친구라도 오랜 시간 무인도에 둘이만 있다면 결국 그들은 부부가 될 테니까.

그런 극단의 원초적 상황이 아닌 일상에서 남녀 사이에 친구가 가능한가의 문제는 아무리 생각을 해도 답을 내릴 문제는 아닌 것 같다. 가능하다는 답을 내릴 수 없다는 것은 곧 불가능하다는 뜻이다. 그러므로 ○×의 답을 하라면 ×라고 하겠다. 남녀 사이에 친구란 없다.

어떤 이들은 자기 이성 친구를 말하면서, 아기 때부터 같이 목욕을 하면서 자란 사이라는, 혹은 단둘이 무인도에 10년을 있어도 결코 연애 감정이 생기지 않을 '녀석들'에 대해 말하곤 한다. 하지만 다 자란 지금 같이 목욕을 할 수는 없지 않나? '무인도에서의 10년' 같은 상황은 일어날 수도 없는 상황이고, 단지 강조 용법이다. 그런 현실성 없는 가정으로 가능성을 부정하는 것은 설득력이 없다.

2

왜 이성 친구는 궁극적으로 불가능한가?

분명히 동성 친구보다 허물이 없고, 더 의리가 있는 이성 친구, 결코 애정으로 변질(?)시키고 싶지 않은 우정을 나누는 이성 친구도 많다. 그런 친구를 요즘은 남자 사람 친구, 여자 사람 친구, 줄여서 남사친, 여사친이라고 부르기도 한다. 하지만 각종 돌발 사태와 예기치 못한 사고로 선을 넘을 위험성은 늘 존재한다. 실제로 술기운에 그런 실수를 저지른 사례도 종종 있고, 영화에도 나온다.

지나치게 자제력이 떨어지고 힘이 들 때, 동성 친구나 가족이 해결해 주지 못할 문제를 공유하면서 평소와 다른 감정으로 기댈 수 있는 것이 이성 친구일 수 있다. 하지만 감정이란 마음먹은 대로만 흘러가는 것도 아니고, 한쪽에서만 잘 조절한다고 되는 일도 아니다. 그리고 두 사람은 아무 거리낌 없이 지낸다 해도 주변의 따가운 시선과 남들의 오해로 더는 친구 관계를 유지하기 어려운 뜻하지 않은 상황이 올 수도 있다. 그토록 잘 통하고 친밀하다는 사실 자체가 잠재적 위험성(?)을 말해준다. 절친과 연인은 종이 한 장 차이다.

프랑스 영화 「러브 미 이프 유 데어」_{Love me if you dare, 2003}는 징글징글하게 싸워대면서도 서로에게 끝까지 집착하는 두 남녀의 다소 기괴한 성장기이다. 이 영화의 상위 베스트 댓글은 거의 모두 10점 아니면 1점이다. 이 희한한 반응은 뭘까? 이것은 단지 호불호가 극명하게 갈린다는 표현만으로는 이해할 수 없는 현상이라고 보는데, 영화를 보면 그 이유를 알 수 있다. 실성한 듯한 악동들의 불편한 이야기에서 남녀 사이와 친구 사이라는 알쏭달쏭하고도 아슬아슬한 코드를 읽는 즐거움에 공감하는가 아닌가의 차이가 반응을 극명하게 가르고 있다.

8살 때부터 서로를 알아본 소피와 줄리앙은 같은 침대에서 자면서도 아무렇지 않을 정도로 청소년기까지 남매처럼 자라는데, 서로 지독하게 싸우고 엽기적인 악동 짓에 갖가지 내기를 하면서, 이긴 사람이 철제 원통형 사탕 박스를 차지한다는 규칙을 만든다.

서로 사랑했지만 질투와 대립 속에 관계가 틀어져 따로 결혼도 하고,

나이가 들어가면서 10년 동안 만나지 않았지만 삶은 어느 누구와도 늘 시들하고 재미가 없었다. 그들의 눈이 반짝일 때는 오직 둘만의 내기로 사탕 박스를 차지할 때뿐.

그들의 사탕 박스는 헤어지지 않기 위한 장치이자 무언의 약속이었다. 끝까지 싸우는 둘은 연인이 될 수도 헤어질 수도 없는 상황, 그리고 서로가 없는 각자의 다른 삶도 전혀 무의미한 상황에서 또다시 극한의 격돌 중 우연한 장소에서 그로테스크한 방법으로 동반 자살한다. 말 없는 낡은 사탕 박스만이 유일한 목격자였다.

나는 이 영화를 추천하는 게 아니다. 세련된 표현과 영화 예술로서의 언어는 놀랍지만 크리스천이 동의할 수 없는 세계관이다. 다만 소피와 줄리앙은 쌍둥이 같은 영혼을 지닌 이성이었기에 이런 비극적 해피엔딩을 택할 수밖에 없었던 것을 말하는 것이다. 동성이었다면 겪지 않아도 될 번민이었다(동성애로 흐르지 않는다는 전제로).

3

이처럼 남녀 사이는 간단히 편안한 친구라고만 하기에는 많은 숙제가 따른다. 친구가 되는 것이 그리 간단하다면 애초에 남녀 사이에 친구가 가능하냐는 질문 자체가 없었을 것이다. 사람은 아무리 나이가 들어도, 아무리 허물없는 친구들이라도 동성을 만날 때보다 이성을 만날 때 거울이라도 한 번 더 보기 마련이다. 그러니 남녀 간에도 친구가 가능하다는 말은 궁극적으로 틀린 말이 아닐까. 친구를 사랑하는 일에 자제력이 필요하다면 그 역시 자연스러운 모습은 아닐 것이다.

주변적인 이야기를 많이 했지만 성경에는 남녀 사이이면서 친구 관계인 예는 나오지 않는다. 이는 성경이 보수적인 옛날 책이라서 현시대에 적용할 수 없다고 해석될 부분이 아니라, 하나님이 우리에게 관계를 규정하는 방법을 보여 주신 것이라 할 수 있다. 무엇보다 남자와 여자의 창조 목적을 보면 모든 것은 명료해진다.

"주 하나님께서 이르시되, 남자가 홀로 있는 것이 좋지 못하니 내가 그를 위하여 합당한 조력자를 만들리라, 하시니라." 창 2:18

여자는 남자의 조력자, 즉 협력자이다. 친구라기보다는 서로 다른 존재로서 상대방의 필요를 채워준다는 느낌이다.

"주 하나님께서 남자에게서 취한 그 갈비뼈로 여자를 만드시고 그녀를 남자에게로 데려오시니" 22절

여자는 남자에게서 나왔으므로 다시 합쳐질 성질의 존재지 양립하는 존재가 아니다.

"아담이 이르되, 이는 이제 내 뼈 중의 뼈요, 내 살 중의 살이라. 그녀를 남자에게서 취하였으니 여자라 부르리라, 하니라." 23절

남자는 하나님이 특별히 베푸신 여자를 자기 몸처럼 사랑하게 돼 있다. 이 사랑의 종류는 우정이나 형제애가 아니다.

그러므로 남자가 자기 아버지와 어머니를 떠나 자기 아내와 연합하여 그들이 한 육체가 될지니라. 24절

이처럼 이어지는 구절에서 바로 아내, 즉 배우자라고 여성의 역할을

규정하신다. 물론 이것은 기본적 질서에 관한 것이지만, 흐트러진 세태 속의 문화에 젖은 우리가 남녀 사이를 너무 복잡하게 바라보고 있지는 않은지 생각해 보게 된다.

남녀 사이에 친구가 있는지 없는지 판단하는 것은 자유지만, 이성 친구를 너무 느슨하게 생각하거나, '절대 그럴 리 없다'라고만 생각하는 것은 좋지 않다. 또한 자기 자신은 아무렇지 않아도 주변의 통념이 다르고, 특히 자기 연인의 기준은 다를 수 있으니 배려하면서 명확한 태도를 보이고, 이성 친구와 의심받을 만한 일은 하지 않는 등 조심할 필요가 있을 것이다. 결혼한 사람의 경우는 더 말할 것도 없다.

'남녀가 유별하다'는 식의 생각이 양성평등을 저해하는 구실로 쓰이지 않는다면, 반드시 타파해야 할 고루한 유교적 사고로만 볼 필요는 없다. 성경도 분명히 남녀 간에 분별이 있음을 말씀하고 있기 때문이다.

남녀 사이에도 진실한 우정을 나눌 수 있는 소중한 관계가 많이 있다. 다만 우정이 정도를 넘어설 경우, 잘되면 배우자를 얻지만 잘못되면 귀한 친구도 잃고 자기 연인이나 배우자도 잃을 수 있다. 동성 친구와는 이런 베팅이 필요 없다. 사랑이 과해지면 도박과 제로섬 게임이 되는 이성 친구…. 어쩌면 '이성 친구'라는 말은 '동성 커플'이라는 말처럼 애초부터 모순을 포함하는 말인지도 모르겠다.

마주보며, 눈을 보고 말하기

1

사랑에는 지혜가 필요하다. 남자든 여자든 가릴 것 없이 지혜는 중요하지만 특히 여성에게 더 필요한 것이 아닐까 싶다. 남자보다 연약해서 자주 피해를 입기 때문에 꾀가 필요하다는 것이다.

여성의 인권이나 위상이 높아진 어떤 사회에서도 여성들은 아직 약자이다. 참된 존중과 공생의 의지가 부족하면 외적인 조건이 아무리 올라가도 근본적인 평등은 이루어지지 않는다. 그래서 여성에게는 자신을 위한 지혜가 필요하다. 여전히 자기 역할을 다하지 못하는 남자들이 많기 때문이다.

사람에게는 여러 가지 지혜가 필요하지만 그 중에서도 꼭 알아야 할 한 가지가 있다. 그것은 바로 눈을 보고 말하는 기술이다. 이것은 물론 단순히 대화할 때 눈을 쳐다봐야 한다는 의미는 아니다. 중요한 이야기일수록 반드시 직접 얼굴을 보면서 하라는 뜻이다.

참으로 안타까운 일들이 요즘 남녀 사이에서 많이 벌어지는데, 그중 심각한 것이 데이트 폭력이다. 말이 폭력이지 살인 피해자도 연간 세 자릿수를 넘기고 있다. 이들 중 대부분은 남성의 악한 의도나 우발적 화풀이에서 비롯되지만, 여성들도 너무 상대를 쉽게 보지 않았나 싶을 때가 있다. 예를 들면 뉴스나 르포에서 여성이 남성에게 문자로 이별 통보를 한 것에 격분해 범행을 저질렀다는 이야기를 들을 때이다.

2

남자는 약이 오르면 거칠어지고 앞뒤 분간을 못한다. 또한 거절당하는 것을 잘 참지 못한다. 그래서 여자가 만나 주지 않고 피하거나 무조건 거절하면 분을 이기지 못해 판단력과 자제력을 상실하게 된다. 이렇게 휘발유처럼 변한 사람에게 작은 불꽃을 던지면 그는 이성을 잃고 만다.

어쩌면 폭력으로 비극을 초래한 남자들 중 어떤 사람은 마지막으로 딱 한 번만 만나 진짜 마음속 이야기를 듣고 싶었거나 미안하다는 말을 듣고 싶었을지도 모른다. 아니면 사랑했다는 말, 잘 가라는 말을 할 수 있는 마지막 기회를 얻고 싶었을 수도 있다.

처음부터 괴물은 없다. 그 사실이 폭력이나 상해라는 범죄에 정상참작이 되는 것은 아니라 해도 말이다.

여자가 중대한 이야기를 문자로 툭 던지고 슬슬 피하며 벌레 보듯 하고, 스스로 세운 원칙과 자기 입장만을 내세우면, 약이 오른 남자는 소유욕과 상실감이 너무 커져 어떻게든 직접 만나야겠다는 생각, 어떻게든 갖겠다는 생각만이 커지게 된다. 끝내는 '내가 가지지 못할 바에는 아무도 가질 수 없게 하겠다.'는 눈먼 애증으로 괴물이 되는 것이다.

물론 일단 싫으면 단 일분도 마주하기 싫고 끔찍할 수 있겠지만 미래를 위해서는 지혜가 필요하다. 그리 간단한 일이 아니라는 것도 안다. 하지만 대부분의 남자는 제대로 만나 얼굴을 보고 눈을 마주치며 잘 설득하고 사정을 말한 뒤에 진심으로 안아주고 보내면 훨씬 잘 포기하고 이해한다. 더는 방법이 없음을 직접 확인하고 돌아설 시간과 기회를 주는 것은 한때나마 사랑했던 사람에 대한 마지막 배려이다.

어느 영화인가 드라마에서, 아이들과 애들 엄마를 미국에 보내놓고 끼니를 거르며 죽도록 일한 기러기 아빠에게 이제 따로 살자고 아내가 전화로 통보하는 장면이 있었다.

미국에서 살아 보니 좋고, 아이들도 계속 그곳 시민권자로 살게 하고 싶은데, 한국에서 기다리고 있는 영어 한마디 모르는 남편이 부담스럽다. 눈에서 멀어지니 마음에서도 멀어져 미안하지만 이젠 돌아가도 살을 섞고 다시 살 자신이 없다. 그런데 현지에서 남은 인생을 잘 이끌어줄 사람이 관심을 보이고, 자신도 일을 찾아 이제는 삶에 찌든 초라한 남편에게서 독립할 능력이 생기니 마음이 떠나버린 것이다. 내 일도 아니었지만, 가장으로서 만일 저런 상황을 맞이하게 된다면 최고로 비참하겠구나 싶었다.

일어날 가능성 없는 일은 공감하기 어려운 법이다. 누군가의 실화였을 그 상황이 더욱 서글프게 느껴지는 것은, 그 무미건조한 이별 통보가 전화로 이루어졌기 때문이다. 얼굴을 마주하고 눈을 보면서 말하지 않으면 오해가 생긴다. 그것을 말하는 사람도 안다. 그런데도 그렇게 하는 것은 상대방의 존재감을 뭉개는 것이며, 정말 보고 싶지 않다는 것이므로 상대를 더욱 자극하고 비참하게 만든다. 이런 상황에 놓인 남자에게 침착함을 기대하는 것은 너무 잔인한 것 아닌가.

3

　지독한 여자는 군대에 간 남친을 두고 고무신을 거꾸로 신으면서, 그것을 편지나 문자로 통보하는 여자다. 물론 제대할 때까지 기다렸다가 말할 수는 없을 것이다. 하지만 군에서 고생하는 외롭고 불안한 남자에게 너무 가혹한 짐이다. 편지로는 암시만 주고 직접 면회라도 가서 손을 잡고 진심으로 미안하다고 말해야 한다. 요즘은 어떤지 몰라도 예전에는 애인의 변심으로 탈영하는 군인이 꽤 있었다.

　아이가 다쳤거나 잃어버렸더라도 지혜로운 아내는 빗길 고속도로를 운전해 달려오는 남편에게 전화로 불쑥 알리지 않는다. 큰일을 간단한 정보로 알게 되면 걱정은 커지고 온갖 부정적 상상력이 증폭해 훨씬 나쁜 시나리오를 쓰게 되는 법이다. 연인 사이의 좋지 않은 이야기를 간단한 말이나 문자로 접하면 그 순간 모든 것은 엉망이 된다. 지금까지의 일들이 다 거짓인 것 같고, 처음부터 속이려던 것으로 의심하게 될 수도 있다.

　심각한 상황이라도 직접 만나면 마음이 풀린다. 중대하고 위험하게 발전될 가능성이 있는 일일수록 만나서 처리하는 것이 좋다. 실패한 연애라 해도 자기가 벌인 일에는 즐거움과 함께 책임과 대가도 따르는 법이다. 모든 일에 무조건 만나라는 게 아니다. 어떤 경우는 역효과가 날 수도 있다. 지혜롭게 판단해 피해나 부작용을 최소화하라는 뜻이다.

아무리 잘못된 사랑도 일단락을 짓고 넘어가야 한다. 자꾸 회피하면 평생 원한을 품은 사람들의 추적과 악소문과 험담에 시달리고, 삶의 영역은 점점 좁아질 것이다. 이는 오뉴월 서리를 맞을 수 있는 남자들에게도 마찬가지다.

중요한 말을 직접 대면해 눈을 보며 말하는 것은 연인이기 전에 인간에 대한 예의이다. 사랑은 존중이다. 끝날 때 끝나더라도 존중받았다는 느낌이면 상대방도 눈물을 닦고 돌아서서 자기 길로 간다. 그렇게 지혜로운 사랑은 자기도 살고 남도 살릴 수 있다.

겉과 속, 안과 밖의 역설을 고려하라

1

2017년 대통령 선거 때, 한 후보가 "설거지 같은 건 여자들이나 하는 것이다."라는 말을 했다가 구설수에 올랐다. 사실 이런 말은 속으로 생각은 해도 겉으로 하면 안 된다는 것쯤은 웬만큼 눈치 없는 사람이 아니면 할 수 없는 이야기다.

정치 8단이라는 그 후보가 이런 분위기를 몰랐을 리는 없고, 어차피 지지층만을 결속시키는 전략을 쓰면서 온갖 막말을 하던 중 튀어나온 이야기 같았다. 당연히 각계의 지탄과 타 후보들의 공격이 잇따랐다. 여성을 비롯한 많은 이들의 질책을 받았지만 의외로 가부장적이거나 보수적인 사람들에게는, 상남자 같고 할 말은 하는 소신주의자라는 식의 지지도 있는 모양이었다.

그를 잘 아는 한 전직 정치인은, 왜 안 해도 될 말을 했는지 모르겠다면서 이렇게 말했다.

"사모님한테는 꼼─짝 못하시거든요."

이 증언이 믿기지 않을 수 있다. 기자들한테도 욕설을 하는 등 그야말로 트럼프처럼 스트롱 맨을 자처하는 사람이 거우 자기 와이프한테 꼼짝 못하다니 말이다. 어쨌든 역풍이 거세지자 그는 자기 발언이 실언이었다면서 사과를 했다. "내가 센 척 좀 하느라고 그런 거지…." 하면서 비교적 순순히 인정했다.

2

이 주제는 남녀 모두가 해당되겠지만 주로 남자들에 관한 것이다.

사람은 누구나 겉과 속이 다르고 남들에게 보이는 모습과 혼자만의 모습이 다르다. 밖에서 아무리 새침하고 깔끔해 보이는 여성도 자기 방은 발 디딜 틈 없이 폭탄 맞은 돼지우리일 수 있으며, 엄청 털털해 보이는 여성도 감수성 끝판왕이라 할 만큼 아기자기하고 깔끔한 면이 있는 경우가 많다.

남자들을 보면, 영화 속 악역들은 대개 덩치가 크고 인상이 험악하지만, 현실에서는 이런 사람들의 마음이 의외로 여리다. 군대에서도 보면 덩치 큰 사람들이 입도 거칠고 하급자들에게 겁도 많이 주지만, 알고 보면 여리고 감성적이다. 그런 덩치들이 성격까지 거칠면 남아나는 게 없을 것이다. 그래서 세상은 유지될 수 있다.

직업이 조폭이어도 다 험악한 것은 아니며, 상대방이 알아서 겁을 내는 것일 수 있다. 성질이 정말 괴팍하고 피곤하며 분노조절이 안 되는 사람들은 의외로 체구가 왜소하고 내향적이면서 고요한 성격을 지닌 경우가 많다. 조폭이 집단 검거되면 어깨들이 줄줄이 연행되지만 정말 치밀하게 악행을 꾸민 사람들, 사회를 공포에 떨게 하는 사이코패스와

소시오패스는 그렇게 덩치가 크거나 험한 관상이 아니라 오히려 평범하고 주변에서 건실하다는 소리를 들었던 사람들이 적지 않다.

남자들의 표리부동함은 남녀관계에서 더욱 드러난다. 심성적 측면이 아니라 여성을 대하는 태도나 관점이 밖에서 보이는 것과 안에서 하는 것이 많이 다르다.

다 그런 것은 아니겠지만, 대개 사람들 앞에서 아내를 하대하거나 호기를 잘 부리는 남성은 그 대선 후보처럼 의외로 집에서는 아내 복종형 남성인 경우가 많다. 그런 사람들을 보면 집에서 충성하는 대가로 밖에서는 아내에게 센 척하는 것을 용납 받은 것처럼 보이기도 한다. 하긴 밖에서도 그러고 안에서도 그러면 정말 전근대적인 가부장적 '꼰대'일 것이다.

밖에서만 센 척하고 집에서 꼼짝 못하는 남편이 '공처가'라면, 밖에서도 쩔쩔매고 안에서도 쥐여 사는 남자는, 아내만 보면 놀란다고 해서 '경처가'라 부른다. 문제는 남자가 어떤 사람인지 알아보려는 미혼여성의 입장에서는, 그가 여성에 대해 어떻게 행동할지를 파악하기란 어려운 점이 있다. 어쨌든 그 남자와 커플이 되어야만 자신의 습성을 드러내기 때문이다. 다만 남자를 판단할 때 겉으로 보이는 섬세함이나 감수성, 행동보다는 내면을 잘 보아야 하므로 이 겉과 속의 역설을 고려해야 한다. 감언이설로 자신을 숨기고 다가오는 남자들에게 무방비로 임하는 여성들이 많기 때문에 많은 성적 피해가 불특정인보다 주변 지인들을 통해 현저히 많이 일어난다.

남자의 외적인 행동도 무척 중요하므로 거칠고 예의 없는 남자를 주목하라는 것은 아니지만, 다듬어지지 않은 남자도 잘 들여다볼 필요가 있으며, 섣불리 제쳐둘 필요는 없다는 말이다.

3

　사람은 누구나 이중성을 지니고 있다. 하지만 진정한 나쁜 놈은 킹카인 경우가 많다.

　성경에 나오는 인물 중 다윗 왕은 최고의 성군이자 인격자였다. 현명하고 지혜로워서 요즘 유행하는 말로 하면 뇌섹남이며, 하나님 마음에 합한 자라고 할 정도로 믿음도 좋았다. 하지만 밧세바를 향한 그의 욕정은 집요할 정도였고, 그가 밧세바의 남편 우리야를 없애기 위해 저지른 살인교사 음모는 치밀하고도 교활했다.

　반면에 삼손은, 힘은 셌지만 그리 지혜롭지 못했다. 그가 지은 죄는 우직하고 어리석었다. 다 알면서도 들릴라에게 속고 또 속다가 결국 자기 힘의 비밀을 알려주고 머리카락을 잘린 뇌순남이었다. 세상에 이런 바보가 있나 싶기도 하지만 그는 아마도 들릴라를 엄청 사랑했던 모양이다. 쯧쯧⋯. 부족하지만 순정을 지닌 천하장사의 모습이다.

　이래서 겉만 봐서는 알 수 없다. 물론 이런 특성이 항상 일정한 법칙으로 나타나는 것은 아니다. 대체로 그런 경향이 있다는 것이며, 사람은 겉과 속이 다르니 좋아 보인다고 너무 일찍 믿거나 외모만 보고 마음을 닫지 말라는 것이다.

　사람에게 이런 이중성이 나타나는 이유는 우리에 대한 하나님의 경고가 아닐까 싶다.

성경은 외모를 중시하지 말라고 여러 번 말씀하는데, 그런 말씀을 경히 여기면 낭패를 겪게 된다. 투박하고 거친 사람들은 무조건 싫어하고 겉으로만 반반한 사람, 겉만 꾸미고 내면을 가꿀 줄 모르는 사람들을 선호하면 대가를 치르는 일이 많다.

어떻게 사람이 모든 걸 다 가질 수가 있나. 외모와 속내가 완벽한 사람을 모두가 원하지만 그런 기적은 자주 일어나지 않는 법이다. '너무 잘나면 얼굴 값 한다.', '뚝배기보다 장 맛' 등의 표현이 있는 이유다.

그렇다고 겉과 속은 의외로 다를 수 있다는 측면을 당장 연인이나 썸타는 사람에게 들이대지는 말아야 한다. 사람을 스테레오 타입, 무언가 전형적인 스타일로 이해하기 시작하면 상대방의 본 모습은 어디로 가고 내가 만든 이미지만 남기 때문이다. 아무리 잘하려고 해도 사람은 신이 아니므로 위선적일 수밖에 없다. 오직 하나님만이 어제나 오늘이 동일하신 분이다.

이와 같은 겉과 속의 법칙을 인정하고, 외면과 내면의 격차를 극복하기 위해 애쓰면서 하나님과 이웃 앞에 진솔하고 가식 없는 사람이 된다면 사랑도 인생도 더욱 성공하리라 믿는다.

빗나간 연애, 여자만 손해다

1

여자들은 남자를 몰라도 너무 모른다. 남자가 여자를 모르는 것도 마찬가지겠지만, 남자가 여자를 모른다고 치명적인 손해를 볼 일은 없다. 그러나 여자가 남자를 잘 모르면 엄청나게 큰 손해를 보게 된다.

세상에서 가장 어리석은 여자는 남자를 모르는 여자이며, 나쁜 남자를 잘 구별 못하는 여자다. 속이는 남자는 더 악한 존재이겠지만, 그들에게 속은 여자들은 그 무지의 대가로 인생에서 큰 손실과 고통을 안고 살게 되는 안타까운 경우가 적지 않다. 최근에 못나고 나쁜 남자를 뒤늦게 알아본 여자들이 스토킹을 당하거나 데이트 폭력의 피해자가 되는 것도 모자라 살해를 당하기도 하고 부모님까지 희생당하는 사건이 발생한다.

이렇게 살해당한 여성들은 2013년에 공식 파악된 것만 123명에 달한다. 2016년에는 살해 82명, 살인미수 105명, 피해 여성의 가족과 친구 등이 연루되어 중상을 입거나 사망한 사람이 51명이었다. 살인과 살인미수 사건 피해자는 2011년부터 2015년까지 2,039명으로 하루에 1명이 넘는 여성이 피해를 당하고 있다(경찰청 통계).

한 가지 사건이 수면에 떠오르면 그보다 훨씬 많은 유사 사건이 이미 벌어지고 있는 것이므로 엄청난 위험이 잠재돼 있다고 보면 된다.

성폭행의 경우, 소문이 두려워 말도 못하는 여성은 신고한 여성의 약 100배 정도라고 한다. 성폭행이 아닌 연애를 한 경우라도 데이트 폭력이나 악성 루머에 늘 숨어 살 수밖에 없는 쪽도 여자다. 아직 이 사회는 여성에게 관대하지 않음을 기억하자. 여성들은 제발 눈을 뜨고 자기 자신의 안위를 지키는 일에 관심을 갖기 바란다.

2

사실 남자는 연애가 잘못돼도 (최소한 외적으로는) 훨씬 손해를 덜 본다. 이것은 남녀평등이 덜 이루어져서 그런 것도 있겠고, 정체성의 차이 때문일 수 있다.

여성은 남성에 비해 극한의 상황에서 정신적으로 강하다는 분석이 지배적이지만, 평상시에는 정신적으로나 육체적으로 남성에 비해 연약한 것이 사실이다. 또한 몸도 더 눈에 띄고 아름다우며 화려해 보인다. 이런 연약함과 아름다움은 반대로 말하면 훼손되고 깨졌을 때 더욱 아깝고, 그 상처와 손실이 훨씬 크며, 더욱 주목 받는다는 속성을 지닌다.

남자는 단순하다. 남자에게 순정이 없다거나 오직 육체적인 생각밖에 없다는 것은 아니지만, 여성들이 경계해야 할 남자들은 온갖 감언이설로 여자를 안심시켜 자기 목적을 이룰 생각밖에 없다. 그들이 뼛속까지 악인은 아닐지 몰라도 당신을 허락하기에는 턱없이 부족하고, 그런 사실을 제대로 알기 전에 당신을 허용해서는 절대 안 된다!! 그렇게 허용해도 될 정도의 여자는 하나님이 만드신 적이 없다. 가장 위대한 남자와 가장 미천한 여자라도 이 공식은 달라지지 않는다.

자기 가치를 너무나 모르고 스스로를 평가절하 하거나 자포자기하는 여성들은 호의에 속고 술자리의 분위기에 속아 평생 후회할 짓을 저지르는 어리석음을 범하기가 일쑤다. 제발 고상한 습관을 가까이 하고 술을 멀리하라. 그리고 괜찮은 친구, 생각 있는 사람들과 교류하며 사고하는 습관을 지녀야 한다. 수준 없는 문화를 지닌 곳에 속해 있다면 과감히 떠나야 한다.

그런 결단도 없고, 진지한 것을 추구하지도 않으며, 단세포처럼 말초적으로 술자리와 클럽과 성형과 미용과 패션과 동안 만들기에 시간을 쓰며 남자의 시선만 찾다 보면 어느새 내적으로나 외적으로 밑바닥 인생을 살고 있는 자신을 발견할 것이다. 그렇게 재벌 2세의 눈에 띈다 한들 그 인생이 달라질 일이 있겠는가?

이런 조언에도 불구하고 그런 안타까운 여성들에 대한 수요는 늘 존재할 것이 분명하고, 어느 여성인가는 그 자리를 기꺼이 채워 갈 것을 안다. 그녀들의 인생은 계속 손해를 보면서도 중독을 멈추지 못할 것이다. 일차원적 즐거움에, 그리고 자신들을 인정해주는 저속한 눈길에 중독된 것이다.

언젠가 한 성폭행범이 전자발찌를 풀고 술에 취해 강남 주택가를 알몸으로 활보하는 사진이 뉴스에 보도되었다. 그런데 사진 속에는 그를 따라가는 여인이 있었다. 그녀는 그 성범죄자의 애인이라고 한다.

이 뉴스에 사람들은 댓글을 달며, 그래도 애인까지 있느냐고 놀라워하며 비웃기도 했다. 남녀 간의 사연은 알 수 없으므로, 그 여자의 선택을 비난할 자격은 아무에게도 없으며, 남자도 언제까지나 그렇게 살라는 법은 없다. 하지만 그런 생각은 해보게 된다. 그녀는 언제부터 그런 부류의 남자와 엮이는 삶을 사는 스스로를 용납하기 시작했을까? 분명 처음부터 가진 목표가 그런 남자는 아니었을 것이다.

3

사랑과 연애는 동정심으로 하는 것이 아니다. 그런 마이너 인생들의 뒤치다꺼리를 하지 말라. 그들은 당신들이 필요하겠지만, 초반의 열광이 사그라지면 더 이상 여성을 아끼지도 존중하지도 않을 확률이 높다. 당신과 헤어질 경우, 이제 그들은 당신을 전리품 취급하며 술안주 삼아 다른 남자들 앞에서 무용담을 늘어놓을 것이다.

자신을 낮추는 것이 우리의 미덕이지만 남자를 대하고 선별할 때는 제발 자신을 높이기를 바란다. 그것은 교만이 아니다. 사자는 굶주려도 썩은 고기를 먹지 않는다. 하이에나는 그들이 남긴 썩은 고기만을 먹는다. 이처럼 자신을 하이에나가 아닌 사자로 여기고 때를 기다리는 것이 자기 가치를 높이는 일이다. 연애 못한다고 죽지 않는다. 그러나 잘못된 연애는 극도로 위험할 수도 있다. 한 번 발을 잘못 들이면 계속 그 길로 갈 확률이 높다.

'한 놈의 계집은 한 덩굴에 열린다.'는 속담이 있다. 아무리 여자를 바꾸고 여러 번 연애를 해도 일정한 선을 뛰어넘기 어렵다는 뜻이다. 눈과 기준이 그 정도이기 때문에 유유상종, 끼리끼리 놀게 된다는 말이다. 실제로 자신의 가치를 늘 그 정도로만 여기고, 나 같은 것(?)을 좋아해주는 것만도 감지덕지하는 사람은 아무리 연애를 많이 해도 흑역사의 페이지를 더하는 일밖에는 기대하기 어렵다.

기본이 되지 않는 남자들에게 자신을 적선하지 않는 것이 스스로의 격을 높이는 길이다. 남자의 외모나 배경을 보지 말고 내면과 인품을 보라. 자신의 갈고 닦은 외모가 좋은 남자의 관심을 끈다는 착각은 제발 버려라. 그런 마음으로는 빈 깡통들만을 끌어 모을 것이다. 겉만 꾸밀 줄 아는 여자가 자신을 알아봐주는 속 빈 남자를 만나는 것만큼 비극은 없을 것이다.

이 모두가 도덕적 절제를 여성에게만 지우고 억누르는 것으로 오해하지는 말아야 한다. 이 주제가 객관적·보편적 문제로 이야기된다면 남성에게 더 큰 책임이 있음은 말할 필요도 없다. 책임 소재의 문제가 아니라 결과적으로 피해자가 누구인지를 말하는 것이며, 어차피 아무도 책임지지 않을 일이라면 피해가 생기기 전에 예방하고, 손실을 최소화해야 한다.

연애의 흐트러짐이 누구에게 불이익을 주는지 잘 판단하라. 연애를 하지 말라는 것이 아니라 성급하게 판단하고 설불리 허용하지는 말라는 것이다. 어느 정도 시간이 지나면 남자의 속성은 드러나기 마련이다. 그의 치명적 속성을 알게 되었는데 모든 것을 다 준 상태인, 그런 연애는 피해야 한다.

　모든 여성이 괜찮은 남자를 만날 수는 없는 것이 현실이지만, 최소한 어떤 길이든 후회 없는 선택을 해야 한다. 그 선택의 결단을 내리기 전에는 언제든 돌아갈 수 있는 상태로 머무르는 것이 좋다. 잘못은 남자가 더 많이 하지만, 피해자는 대개 여자라는 모순된 현실을 기억하고, 인생에서 치명적인 손해를 보지 않는 현명한 여성들이 다 되기를 바랄 뿐이다.

여자를 위한 나라는 없다

1

　2016년경 한 여성 연예인이 생방송에서 남자 아이돌 그룹 가수들의 주요 부위를 만지려는 것처럼 보이는 짓궂은 장난을 했다. 그녀는 성추행 시도 혐의로 아이돌 그룹 팬들에게 고소당해 경찰의 조사를 받았다. 이런 사례를 보면 세상이 참 많이 변했다는 생각이 든다.

　90년대에 「폭로」Disclosure, 1994라는 할리우드 영화가 나왔을 때, 그야말로 먼 나라 이야기로 들렸다. 과거에 연인이었던 여성 상사가 직위를 이용해 남성 부하직원을 유혹하고도 오히려 당했다고 누명을 씌우는데, 남자가 재판을 통해 그 부당함을 밝혀낸다는 내용이다. 우리나라 남성들의 인식으로는 여자 상사의 직위 남용이나 인격 모독을 생각할 여지가 없었고, "그게 왜 부당함이지? 소문나면 아무리 상관이지만 여자 손해 아니야?" 이렇게 생각할 여지가 있었다.

　이런 영화가 말하는 것은 20여 년이 지난 지금도 우리에겐 낯설다. 남자가 여자에게 짓궂은 일을 당하면 그냥 넘어가도 된다고 생각하기 쉽다. 만일 여자 연예인이 나왔는데, 남자가 신체를 만지려 했다면 훨씬 큰 사회 문제로 떠올랐을 것이다. 아니, 감히 그런 일은 녹화 방송에서조차 할 수 없는 일이다. 실제로 위 남성 성추행 논란의 여성 연예인도

'반성했으면 됐지, 고소까지 하는 것은 팬클럽의 과도한 대응이다.'라는 반응이 많았다.

자, 이 문제에 대해서는 의견이 분분할 것이다. 그간 남자가 여자에게 저지른 것과 똑같이 처벌하고 다뤄야 한다고 생각할 수도 있고, 조금 관대해도 좋다고 생각할 수 있다.

우선 남자의 수치심이라 해서 무게가 덜하다고 생각할 필요는 없다. 남자가 남자를 손대는 것은 별일 아닌 것처럼 여기기도 하지만 동성애가 늘어나는 요즘에는 오히려 더 기분이 나쁠 수 있는 일이다. 영화 「스포트라이트」Spotlight, 2015에서도 사제들이 직위를 이용해 이른바 합의된 성폭행과 성추행을 저지른 대상도 남자아이들이 압도적으로 많다. 그것은 평생 수치심과 죄의식으로 남았다. 이런 것을 보면 수치심과 피해는 당하는 사람의 기준이 되어야 하므로 사회적 통념상의 남녀에 따른 차등을 둘 이유가 없다. 장기적으로 인식을 바꾸고 법 감정도 개선할 필요가 있는 문제라고 본다.

2

세상이 많이 달라진 것 같지만 아직 갈 길이 멀다. 원래 법이란 정말 필요한 자에게는 늘 등을 돌리고, 힘을 가진 사람 편에서 작동하는 경우가 많다.

얼마 전 모 대학에 붙은 대자보가 뉴스에 나왔다. '잘 살 것이다'라는 제목의 대자보 내용은, '너는 성범죄자임에도 잘 살 것이다. 나처럼 소화불량과 불면증에 시달리지도 않을 것이다.' 등인데, 성폭력 가해자와 함께 다시 학교생활을 해야 하는 여학생이 억울함을 토로하기 위해 붙인 것이었다.

법원은 술자리 후 만취한 여학생을 택시에서 강제 추행하고 모텔로 데려가려 했던 남학생에게 징역 6월에 집행유예 2년을 선고하고, 성폭력 치료 프로그램과 사회봉사를 각각 80시간씩 명령했다. 그런데 항소심에서 벌금 700만 원에 치료 프로그램 40시간으로 형량이 줄었다. 피고인이 피해자와 마주치지 않기 위해 의무경찰 입대를 신청했다는 것이 감형의 이유였지만, 남학생은 입대하지 않고 다시 복학했다.

두 학기 정학 기간에도 동아리 활동을 하는 등 학교에 오가며 피해자와 마주친 남학생은 2년 동안 피해 학생에게 심각한 스트레스를 주었다. 아마 그녀의 가족들도 큰 고통을 당했을 것이다. 그러나 과정이 어떻든지 남학생은 죗값을 치르고 최소한 법적으로는 정당하게 복학을 했다. 법이란 이런 것이다. 피해자와 여학생위원회는 재심의와 퇴학을 요구하고 있지만 받아들여지기가 쉽지는 않을 것이다. 그러다 보면 적당히 하라는 여론이 나오고, '모텔까지 가서 당한 것도 아닌데 뭘 그러느냐.'라든지, '그렇게 애초에 왜 술을 많이 먹었느냐.', '왜 택시를 같이 탔느냐.' 등등 본질과 상관이 없는 의견들이 나오기 마련이다.

어느새 가해자는 캠퍼스를 당당히 활보하고, 피해 여학생은 트라우마에 사람들의 손가락질까지 더해져 오히려 학업을 포기하는 사태가 올 수도 있다. 이것이 법에 호소한 결과이다. 법이 충분했다면 피해 여성은 대자보까지 붙일 필요가 없었을 것이다.

3

세상 어디에도 '여자를 위한 나라'는 없다. '약자를 위한 나라'가 없는 것과 마찬가지다. 법을 바꾸고 인식을 개선하는 노력으로는 도저히 바꿀 수 없다. 그게 현상이니 그냥 받아들이라는 뜻이 결코 아니다. '원칙적으로' 그렇다는 것이 아니라 '구조적으로' 그렇다는 것이다. 그러므로 법을 바꾸고 인식을 계몽하고 노력할 필요가 우리 모두에게 있지만, 여성 스스로도 자신을 보호할 필요가 있다.

요즘 양성평등에 대한 요구가 많아서 이렇게 말하면 어떤 차별적 마인드나 남성 우월적 개념으로 받아들일 수도 있을 것 같은데, 그게 아니다. 남자들이 훨씬 잘못됐고 개선할 점이 많다. 다만 법과 실리를 따졌을 때는, 타인들과 법률이 나를 보호해주지 못한다면 결국 자기 안위를 스스로 지킬 수밖에 없다는 것이다.

세월호 참사가 벌어졌을 때 구조를 방해하고 방치하고, 원인 조사도 방해했다. 그래서 나온 말이 각자도생各自圖生이다. 각자 알아서 살 길을 도모하라는 거다. 집에 도둑이 들었는데 그걸 경찰이 해결해 주리라고 기대하는 사람이 얼마나 될까? 원전이 터지면 법적 처벌과 보상금 지급이 피해를 회복시킬 수 있을까? 작고 힘이 없는 남자가 힘센 덩치와 다투다가 얻어맞았다. 법에 호소해 치료비와 합의금을 받았다 해도 성이 풀리지 않을 수 있다. 만일 팔 다리를 잃거나 목숨을 잃는다면 돈으로는 해결조차 되지 않는다.

어떤 재난에 대한 위기가 닥치면 사람들은 라면을 사재기하는 등 소동이 벌어지는데, 국가 시스템이 자신들을 살려줄 수 없음을 알기 때문이다. 그러므로 법과 원칙도 중요하지만 여성에게 우선적으로 스스로를 지키라고 말하는 것은, 남성이 우세하니 손해 보고 싶지 않으면 알아서 하라는 식의 유치한 엄포가 아니다. 다시 말하지만 이것은 법이나 처벌로는 갚아줄 수 없는 '구조적 불평등'이다.

똑같이 술을 마셨는데 여자가 원인을 제공했다고 한다든지, '왜 진즉에 조심하지 않고 따라갔느냐.'라든지, '왜 더 저항하지 않았느냐.'라고 하는 것은 폭력이다. 이런 천박한 인식은 개선되어야 한다. 얼마 전 터키에서, 친구 집에 놀러 갔다가 친구 할아버지에게 성폭행을 당한 아홉 살짜리 여자아이가 있었다. 이 아이는 법정 증언 압박에 시달리다가 재판 이틀 전 안타깝게도 심장마비로 숨졌다. 법이 가해자에게 훨씬 엄격해야 한다는 것을 보여 주는 사례이다.

이미 벌어진 일에 대해 왜 조심성이 없었느냐는 말은 잔인한 고문과도 같다. 사고가 생기면 무조건 피해자 위주의 조치가 이루어져야 한다. 그러나 그런 일이 벌어지기 전에는 얼마든지 조심하라고 말할 수 있어야 한다. 이런 조언을 사고 후의 부당한 질책과 혼동하면 안 된다.

여자에게 남자는 태생적으로 강자이다. 남녀 간에 문제가 생겨서 서로의 약점이 공개된다면 사람들은 대부분 여자를 손가락질한다. 심지어 '여자의 적은 여자'라는 말처럼 남녀 모두로부터 비난을 받기 쉽다.

여성에 대한 범죄는 법과 처벌의 강도를 높여야 하며, 평등에 대한 인식 개선도 필요하다. 즉, 여성에게 더 많은 배려와 사회적 장치가 보완되어야 한다. 그러나 이와 같은 조치로도 당장 해결되지 않는 부분이 있으므로, 여성 스스로 지키는 노력이 무엇보다 필요하다. 이것이 진심으로 여성들의 피해를 안타깝게 생각하는 많은 남성들, 어머니와 아내와 딸과 여동생을 가진 모든 남성들의 간곡한 당부임을 알아주길 바라는 마음이다.

여성이 남성 성추행 죄로 조사를 받는 세상이라고 방심해선 안 된다. 달라진 것은 별로 없다. 여성의 권리가 아무리 개선돼도 '여자를 위한 나라'는 영원히 존재할 수 없음을 기억해야 한다.

잠수하는 여자들

사람마다 자기가 힘들 때 스스로 감정을 처리하는 방법이 있다. 힘든 마음은 큰 스트레스이므로 다른 방법으로 표출하거나 꾹꾹 누르거나 음식을 잔뜩 먹거나 음주 가무와 쇼핑을 하기도 한다. 또는 산더미 같은 일에 파묻히거나 친구와 수다를 떨거나 운동을 하기도 하는데, 스트레스를 건전하고 좋은 방법으로 푸는 것은 아주 바람직한 습관이라 하겠다.

그런데 일부 여자들 중에는 너무 힘들면 입을 다물고 종적을 감추는 사람들이 있다. 남자도 그런 사람이 있지만 여자가 더 많아 보인다. 대개 남자들은 사회 활동이 많아 무작정 숨기가 어렵고, 일단 뭔가 문제가 있으면 빨리 해결하려는 경향이 있지만, 여자들은 그 문제를 다시 꺼내 왈가왈부하는 것을 싫어하고 감기를 앓듯 시간이 지나야 거기서 헤어 나오는 경향이 있다.

남녀가 다투면 남자는 대개 뭐가 문제냐며 자꾸 쫓아가 귀찮게 하면서 일만 키운다. 여자는 자꾸 숨고 입을 다물어서 남자의 속을 태워 또일을 키운다. 물론 반대의 경우도 있어서 이것은 기질 탓이기도 하지만 여자들이 훨씬 더한 것 같다.

여자들의 이런 성향을 남자들은 매우 난감해한다. 내가 아는 사람은 전도사 시절에 어른들에게 떠밀려 한 연상의 여인과 중매로 결혼을 하고 지방에서 작은 교회를 개척했는데, 두 사람은 큰 애정 없이 만난 데다 미자립 교회까지 떠맡아 훌쩍 떠나게 된 것이었다.

어떤 성격인지 잘 모르고 결혼한 것도 모자라 함께 목회까지 하게 된 것이었는데, 나중에 알고 보니 사모에게 바로 그 잠수 타는 버릇이 있었던 것이다. 전도사는 그런 것도 모르고 일단 목회를 시작했는데, 무슨 일로 다투기만 하면 아내는 집을 나갔다. 남편이지만 아직 서먹하고, 싸우고 나면 잠자리도 불편해서 혼자 여관에서 자고 온다는 이야기였다. 주일에 남편이 혼자 예배 준비를 하고 설교를 할 때도 사모는 보이지 않으니 교인들 눈치가 보이고, 아무튼 남편의 고민이 이만저만이 아니었다.

그 뒤로는 어떻게 됐는지 모르지만 부부는 싸워도 절대 나가거나 사라지면 곤란하다. 자녀가 있을 때는 더더욱 문제가 된다. 어떤 남성은 연애하는 여성과 다툴 때마다 겁이 난다고 한다. 또 사라질까봐 말이다. 다투기만 하면 연락 두절에 전화나 메신저도 무응답이라는 것이다.

이런 잠수의 문제는 일을 필요 이상으로 확대시킨다는 데 있다. 애가 탄 남자는 온갖 안 좋은 상황을 다 예상해보고 절망에 빠질 수 있다. 헤어지는 상황을 예상하는 것은 물론이고, 우선 어디서 사고라도 안 당했는지, 다툰 정도가 심할 때는 죽은 게 아닌지 실제 상황보다 몇 배의 고민을 하게 된다. 주변에 탐문하다 보면 애정전선에 이상이 생겼다는 소문이 날 수도 있다.

그러다 우여곡절 끝에 가까스로 다시 연락이 되면, 여자는 자기 혼자 감정을 다 추스르고 멀쩡해 보일 수 있다. 그러면 남자는 걱정했던 것도 잊고 다시 화가 나는 것이다. 놀이공원에서 실종된 아이를 찾아 헤맬 때는 오로지 찾기만을 간절히 바라지만, 막상 미아보호소에 있는 아이를 만나면 혼자 어디 갔었느냐고 한 대 때리고 안아주는 것과 마찬가지의 심정이다.

이런 일의 반복은 불신으로 이어질 수 있고, 자주 발생하면 아예 싸움을 피하게 되어 두 사람의 문제는 속으로 점점 곪아간다. 따라서 제대로 건강하게 다투는 것도 관계를 위해 중요하다.

사람이 혼자 감정을 정리하고 재정비하는 시간은 몸에 잠이 필요하듯 꼭 필요한 시간이다. 이런 시간이 부족하면 사람은 바른 사고를 하기 어렵다. 이 시간의 길이는 사람마다 다르다. 만일 이런 혼자만의 시간을 무시하고 성급하게 대처하면 그 사태는 폭발할 수도 있다.

한 켤레의 구두만 신을 때 1년을 사용할 수 있다면, 같은 품질의 세 켤레의 구두를 번갈아 신을 경우 3년을 쓰는 것이 아니라 4-5년을 쓸 수 있다고 한다. 사물도 한 물건을 집중적으로 사용할 때 복원 능력이나 견고함이 떨어지는 것을 알 수 있는데, 사람의 마음도 휴식 없이 소모하기만 할 때, 상황을 견디는 회복 능력이나 자기와 연인의 관계를 되돌아보고 그 다음 페이지를 준비할 여력이 약해진다는 것이다.

다툼 후에는 사랑이 견고해진다. 남자는 그것을 믿고 적당한 시간을 연인에게 주며 기다리는 인내와 배려가 필요하다. 그런 공백은 두 사람의 관계를 회복하고 재정비하는 데 도움을 줄 것이다. 한편 여성은 남자들의 조급함을 조금 이해해주고, 최소한 무사한지, 또는 어디에 있는지, 밤중에 집에는 잘 들어갔는지 정도는 알려주면서 시간이 더 필요하다고 통보하는 것이 어떨까 싶다.

　잠수는 때로 아주 유용한 수영 기술이다. 그러나 잠수가 너무 길어지면 산소 부족으로 죽는다. 이처럼 혼자만의 시간은 적당하고 건강하게 보낼 때 이롭다는 것을 기억하고, 잠수 기술도 너무 자주 쓰면 그다지 효과가 없다는 사실도 기억하자.

집착남, 그 원인과 대응법

1. 최악의 남자, 집착남

아는 사람이 아직 고등학생인 자기 딸에게 남친이 생겼는데, 큰일이라고 했다. 딸이 언제부터인가 SNS에 생일축하 글 따위가 올라오면 여자 아이들의 댓글에는 일일이 답을 하면서 남자 애들 댓글에는 '좋아요'만 누르고 그냥 패스하더라는 것이었다. 그래서 아이를 불러서, "너혹시 남자친구가 댓글도 못 달게 하니?" 이렇게 물었더니 놀라며, "엄마, 어떻게 알았어?" 하더란다. 엄마가 바보니???

그래서 알아보니 별별 것을 다 간섭하고 따지느라 이틀이 멀다 하고 싸운다며, 애는 괜찮은데 너무 집착이 심해서 헤어지게 했으면 좋겠단다. 그러면서도 그게 뜻대로 되겠느냐고 걱정이었다. 그 집 딸은 기악을 전공할 건데, 나중에 가슴 파인 드레스 입고 연주도 못하게 생겼다는 소리에, 사람들은 혀를 내두르며 요즘 같은 시대에 그런 애도 있느냐며 의아해 했다.

그런 애가 있다. 아무리 시대가 바뀌어도 집착남은 100명당 네댓 명 꼴로 끝까지 존재할 것이다.

여자들이 기피하는 남자의 스타일은 여러 가지이겠지만, 집착남 또한 끔찍이 꺼리는 부류의 남자일 것이다. 연인을 의심하고, 뭐든 다 알아야 하고, 특정한 부분은 자기가 생각한 대로 해야 하는 강박증을 가진 남자를 대개 집착남이라고 부른다. 말 그대로 잡을 집執, 붙을 착着… 뭔가에 끈질기게 들러붙는 거머리 같은 남자다.

인터넷에도 가끔씩 집착남 애인과 주고받은 톡이 올라오는데, 그렇게 공개할 정도면 이미 헤어진 뒤다. 그 주인공들은 이별 앞에서도 놓을 수 없는 상상초월의 집착을 보여 준다. 시대는 점점 서구화되어 쿨하고 군더더기 없는 스타일의 젊은이들이 많아지고 있는 것이 분명한데도 이런 남자들이 계속 있는 것은, 그런 증상이 일종의 질병이기 때문이 아닐까 싶다.

어떤 남자가 멋지고 젠틀하며 바다와 같은 모습을 보이고 싶지 않을까. 하지만 뜻대로 잘 안 되고 자꾸만 어떤 생각이 머리를 떠나지 않아 확인해야 안심이 되고, 그런 증상들이 그들을 괴롭히기 때문에 마음은 원이로되 현실로만 돌아오면 육신이 연약하여 또 다시 미련을 떨다가 제정신 돌아온 후에 '쿨하지 못해 미안해'를 중얼대며 가슴을 치는 악순환이 반복된다.

그러나 이런 사이클의 반복도 한두 달이지, 언제까지 그런 연애를 지속할 수 있을까. 또 한 번 집착 증세를 보인 뒤, 후회하면서 좀 더 남자답고, 마음 넓고, 큰 산과 같은 남자로 거듭나겠다고 다짐을 해도, 이미 그녀는 떠나고 없다. 하지만 후회할 필요도 없다. 한 번 더 기한이 연장돼도 그는 또 다시 그런 증세를 보일 것이 분명하기 때문이다.

2. 집착의 유형

남자의 집착에는 다음과 같은 몇 가지 유형이 있다.

① **의심** : 조금만 연락이 안 되면 자기가 싫어하는 일을 하고 있을 거라 생각하거나 다른 놈들이 작업을 걸고 있을 것 같은 생각이 든다. 물론 내 여자는 분명 갈대 같이 흔들릴 뿐이고~! '나한테 질렸나?', '심경에 변화가 왔나?', 대답이 뜸할 때는 '누구랑 이중 톡이라도 하나?' 그런 생각을 한다. 꼭 못 믿어서라기보다 습관이다. 조금이라도 상대방의 신경이 분산되는 것을 싫어한다. 기혼남이면 의처증 증세일 수 있다.

② **간섭** : '어디 가느냐', '갔다 왔느냐', '누굴 만나느냐', '누구랑 같이 있느냐', '바쁘다더니 그렇지도 않는가 보네' 등등 문자로 깐족대며 심한 경우는 인증샷을 요구하기도 한다. 또 '뭘 입었느냐', '이 옷은 입어라', '저 옷은 버려라', '이걸 사라', '저걸 사라', '누구랑 절교해라', '어느 카페는 탈퇴해라', '남자 댓글은 무시해라' 등등 월권행위를 한다. 그런데 그들은 이런 것을 남친의 정당한 권리라고 생각한다.

③ **강박** : 그녀의 일상과 과거 등 모든 것을 다 알아야 직성이 풀린다든지, 그녀와의 흔적들은 영화표까지 다 모아야 하고, 행여 잃어버리면 다시 그 짓을 되풀이해서라도 마련한다든지 하는 편집 증세를 보인다든지, 하루라도 안 만나면 찜찜해서 예비군 훈련 가는 새벽에라도 보고 간다든지, 무언가 자기가 만든 규칙에 사로잡혀 있는 것을 말한다.

3. 집착의 원인

그러면 그런 집착을 갖게 되는 이유는 뭘까? 관찰해 보면 대략 다음과 같은 원인들이 파악된다.

① **선천적 성격** : 원래부터 소심하고 의심이 많고, 강박증이 있는 경우다. 정리정돈 강박증, 저장 강박증, 틱 장애, 결벽증, 정서불안 등을 가진 사람들이 좀 더 집착이 심하다.

얼른 생각하기에 애정결핍 같은 것을 떠올리기가 쉽지만 그런 것과는 크게 연관이 없는 것 같다. 그렇게 치면 한부모가정이나 조손가정 등에서 자란 사람이나 오랫동안 모태솔로로 살아가는 사람은 다 그래야 하는데 전혀 상관관계가 없다.

② **충격적 사건** : 어떤 일을 통해 절대 다시는 그런 일을 겪지 않아야 한다는 두려움에 사로잡힌 경우다. 쉬운 예로 생애 첫 연애에서 그녀를 철석같이 믿었는데 양다리였다든지, 순정을 다했는데 배신을 당했거나 자기가 제대로 챙기지 못한 사이 다른 남자한테 빼앗겼다든지 그런 직접적인 충격도 가능하다.

민감한 사춘기에 본 영화 내용에서 여자는 믿을 존재가 아니라는 생각을 하게 될 수도 있고, 주변 지인의 비극을 보고 자기는 잘 단속해 여자를 챙기겠다고 다짐했을 수도 있다. 자신이 기억하지 못하는 어떤 일로 그런 습관이 생겼을 수도 있는데, 일종의 정신적 트라우마 같은 것이라 할 수 있다.

③ **연애에 서툰 경우** : 뭐가 잘하는 건지 몰라서 무조건 열심히 하는 스타일이랄까, 자신의 세심함을 보여 주고 싶다거나 자신의 카리스마를 드러낸다는 이유로 낄 데 안 낄 데 구분 못하고 나선다든지 하는 어설픈 일을 한다. 무작정 밀착시키면 그것이 관심이고 애정이라는 판단착오를 하는 것이다.

④ **그럴 만한 이유가 있을 때** : 비슷한 행동을 한다고 모든 남자를 매도할 수는 없는 일. 이건 납득할 만한 집착이다.

여자가 다른 남자에게 애매하게 행동한다든지, 여자가 너무 예뻐서 남자들이 그냥 두지 않는다든지, 남친인 자신을 외부에 공개하기를 꺼려한다든지, 너무 노출이 심한 옷을 즐겨 입거나 밤길에 사고가 날 뻔했거나, 막나가는 친구들이 옆에서 자주 부추기는 중이거나, 자신보다 더 막역한 이성친구가 있거나, 주변에서 자신과 그 여자를 자꾸만 떼어 놓으려고 하거나… 그런 이유들이 있을 때 남자는 불안감을 감추지 못하고 직접 모든 일에 참견하며 챙기고 싶어 할 수가 있다.

4. 집착남의 단계별 증상

그러면 이런 증세를 보이는 남자는 무조건 멀리해야 할까? 집착남은 증상에 따라 3단계로 나눌 수 있다고 보는데, 이들 중 셋째 단계는 잘 고쳐서 데리고 살 만(?)하다고 본다. 2단계는 깊이 고민해봐야 하고, 1단계는 무조건 버리는 카드다.

1단계, 구제불능 : 더 볼 것도 없다. 집착도 문제인데, 방법이나 표현 방식이 저질인 경우다. 여자를 의심하다 못해 친구를 시켜 전화를 걸어 보거나 미행을 하거나 폰을 뒤져보는 등 한심한 일을 하는 부류다. 또 자기 혼자 상상한 것을 줄줄 읊었다가 여자가 너무 어이없어 대답을 안 하면 '거봐, 거봐' 하면서 믿어버린다든지 하는 식의 어딘가 엽기적인 느낌의 일들을 한다. 과거 행적이나 온라인의 흔적들을 캐는 경우도 마찬가지다. 그리고 그런 일들로 싸우거나 참지 못할 때 폭력을 휘두른다면 더 볼 것도 없다. '이 남자 뭐지?' 하는 생각이 들면 이 단계다.

2단계, 관심사범 : 잠재적인 위험을 안고 있는 경우다. 한 가지 일에 너무 오랜 생각을 하거나 끙끙 앓는 남자, 화를 참지 못해 폭발하는 남자, 여자의 반응이나 주변의 만류에도 자기 생각대로 끝까지 캐는 남자, 설득이 잘 안 되는 남자, 자기가 이상한지 모르는 남자, 끝까지 오기를 부리는 남자, 이별을 불사하더라도 알 건 알아야 직성이 풀리는 남자 등이다. 말이 2단계지, 이것도 아주 골치 아픈 스타일. 1단계가 당장 체포 대상이라면 2단계는 전자발찌 쯤에 해당한다.

3단계, 집착과 열정 사이 : 이런 남자는 조금 좋게 봐주면 너무 열정과 애정이 넘쳐서 그러는 걸로 생각해 줄 수도 있을 정도로 개선의 여지가 있는 경우다. 보통은 정상적인 여자와 결혼해 시간이 지나면 그런 증세를 거의 고친다. 골치 아프긴 해도 잘 다룰 여성이 있다면 개조를 시도해 볼 만하다. 다음에 나올 개조 요령이 바로 이들에 관한 내용이다.

5. 집착남 대응 및 개선 방법

자, 그러면 3단계 집착남을 사랑한다면 어떻게 개조할까? 과연 고쳐서라도 함께 가는 게 맞는 것일까? 인간개조가 정신병 완치보다 어렵다는데, 그게 가능하기는 한 걸까?

집착하는 부분만 빼면 장점이 많아서 아까운 남자라면 다음 방법들을 써 보라.

① 일단 믿을 만한 연인이 돼야 한다.

자기는 의심할 거리를 제공하면서 집착하는 사람만 욕하면 안 된다. 그러므로 이 모든 개조의 전제는 여성이 어느 정도 정상적인 수준의 도리를 하는 경우를 말하는 것이다. 내가 아는 선배는 와이프 될 여자가 무척 미인이었는데 처신이 애매해서 늘 고민이었다. 어느 날은 그녀가 다니는 대기업의 회장 2세가 붙잡고 커피숍에서 한 시간 넘게 안 놔주는 상황이 발생했는데, (안 놔주는 건지 못 이기는 척 있는 건지 모르지만) 연락만 기다리며 혼자 끙끙 앓는 것이었다. 이런 것은 오히려 남자가 바보스럽다. 쫓아가서 한 방 날리고 끌고라도 와야 한다. 그렇게 한다고 이 남자가 집착남은 아니라는 것이다.

② 집착은 일종의 마음의 병임을 인정하고 도와줘야 한다.

연인이 좋은 이유는 상대방의 모자란 부분도 이해하고 감싸줄 수 있기 때문이다. 만일 그가 연인의 변심이나 다른 남자들 사이에서 생길 일들 때문에 불안해하고 힘들어한다면 확실히 안심시킬 필요가 있다. 그런 증세를 경멸하기만 하고 무조건 나쁜 습관이라고 비난하며 매도할 것이 아니라 몇 번이고 확신을 시켜주라. 필요하면 한두 번은 인증샷도 보내주고, 옷도 최대한 단정히 입는다든지 성의를 보인다. 그래도 안 되면 정리하든지 최후통첩을 하면 된다. 그 전까지는 사랑한다는 것, 사랑을 믿어야 한다는 것, 내가 잘 할 테니 그런 습관은 고쳐 달라는 것을 간곡히 당부할 필요가 있다.

③ 그러나 시끄럽고 일이 커지는 게 두렵다고 끌려 다니면 안 된다.

견디기 어려울 정도까지 되면 맺고 끊어야 할 순간이 온다. 이럴 때는, 연인을 믿지 못할 거면 사랑은 필요 없음을 각인시키고, 속이려 든다면 아무리 단속해도 얼마든지 다른 짓을 할 수 있다는 것을 알게 해서 결국 믿음이 아니면 사랑이 유지될 수 없다는 것을 확실히 알려라. 더는 받아줄 생각은 없으니 고칠 것을 단호하게 주문하라. 물론 싸우라는 것이 아니라 진지하고 매섭게 표현하라는 것이다. 단, 노력을 하겠다고 약속하고 실천하면 최선을 다해 협조한다.

④ 맞불 또는 역지사지 방법도 있다.

남자가 하는 것처럼 똑같이 해주면 자기도 그게 견디기 힘들고 불필요하며 사랑에 도움이 안 된다는 것을 안다. 일하고 있는데 어디냐고 당장 답하게 하고, 답이 조금만 늦어져도 의심하고 이런 일들이 싫다면 적정선에서 합의를 하도록 유도하라. 어떤 사안에서는 어떻게 하고, 특정한 시간에는 방해하지 않는다든지 하는 둘만의 룰을 정한다.

⑤ 기타… 무언가 방법을 마련해도 맹점은 생기는 법이다. 어떻게 사람의 일을 모든 면에서 예상하고 대책을 마련할 수 있겠는가. 다시 문제가 생길 수 있음도 어느 정도 감안하고, 잘하려는 과정에서 뜻하지 않은 변수나 오해가 생길 수 있음도 생각해야 한다. 너무 무 자르듯이 관계를 생각할 필요는 없다.

6. 결론

모든 것은 사랑이 말해줄 것이다. 하지만 남녀 모두 각자가 생각하는 '사랑'이 무엇이냐가 문제다. 여자가 집착이 심한 남자를 보면서 '저건 나를 사랑하기 때문이야' 이렇게 생각할 수도 있지만 그런 생각은 그리 좋은 생각이 아니다. 집착남도 자기의 행동이 사랑하고 아끼기 때문에 그런다고 생각할 텐데, 그것도 바람직한 사랑은 아니라는 것을 먼저 인정해야 한다. 남자가 너무 여자를 방목해도 문제지만 소유욕과 강박증을 사랑으로 오해하면 곤란하다.

결론적으로 많고 적게 집착이 없는 남자는 없겠지만 그것이 도를 넘으면 곤란하므로 여성은 그를 개조할 자신이 없으면 잘 결단하고 미래를 위해 정리 수순을 밟아야 한다. 물론 집착남은 감정적인 경우가 많으므로 그 과정은 뒤탈이 없게 지혜로워야 한다.

끝으로 중요한 사실이 있다. 집착남은 그렇게 집착하는 만큼 열정이 있어서 자기 일에 철저할 수 있고, 우유부단함이나 답답함은 없는 화끈한 사람이므로 어느 정도는 다중적인 면이 있을 수 있다.

그런데 진짜 문제는 집착과 다툼, 다툼 이후의 행동, 술에 취했을 때와 멀쩡할 때 등이 너무 판이하다는 것이다. 잘해줄 때는 너무 잘해주고, 집착할 때는 너무 피곤하고, 사과할 때는 또 세상에서 가장 죽일 놈인 척 하는 그런 행동들이 가장 무서운 거다. 심각한 의처증 남편일수록 이런 기복이 심하다고 한다.

그러므로 사람을 잘 겪어 보기 전까지 여자들이 섣불리 자신을 허락해선 안 된다. 돌다리도 두드려보고 건너듯이 남자를 잘 찾아야 한다. 집착은 특히 초반에 잘 알기 어렵고, 서서히 나타나는 증상이므로 시간을 두고 처신해야 할 것이다. 또한 집착한다는 소리를 들어 본 남자들은 자신의 문제를 알고 미리 고쳐야 평생 행복하다. 믿을 만한 여자를 잘 선택해 마음의 병을 치유하고 넓은 마음으로 편히 사는 것이 훨씬 좋다.

점점 집착은 심해지고 사랑은 사라지는 세상이다. 사람들의 신경증도 날로 심각해지고 있다. 집착증은 일종의 불치병인데, 이 또한 예외 없이 조기 발견이 중요하다. 시작할 때 잘 감지해서 고치려는 노력을 하면 반드시 좋아질 수 있다. 사랑하는 연인에게 집착하지 말고, 자기 마음의 병을 치유하는 일에 집착하라.

우유부단한 남자들

언젠가 두 여성으로부터 거의 동시에 자신과 관계된 남자에 대해 듣게 되었다. 두 경우 모두 남자의 마음을 알 수 없다는 하소연이었다. 아직 본격적으로 사귀는 것은 아니지만 뭔가 반응이 있어야 계속 하든지 멈추든지 할 것 아니냐는 이야기이다.

첫째 남자는, 절반은 사귀는 것처럼 지내고 있었던 사람으로, 한 단계 진전되어야 하는 시점에서 개인적 신변이 복잡해져 시간을 좀 달라는 정도의 상황이었는데, 갑자기 연락이 두절되었고 어떤 수단으로도 연결이 어렵다는 말이었다.

이쯤 되면 누구나 남자가 더 이상 마음이 없다는 뜻이 아니냐는 생각을 할 수 있다. 그런데 이 남자는 거의 사귀는 것처럼 어느 정도 친밀하게 지내다가 갑자기 그런다는 게 문제였다. 물론 '그럴 거면 처음부터 그렇게 가깝게 지내지 말았어야 하는 것 아니냐.'고 할 수만은 없다. 사람이니까 충분히 중간에 마음이 바뀌거나 어려운 상황이 올 수 있다. 이 남자의 진짜 문제는, 자기 마음을 궁금해 하는 여자를 위해 뭔가 입장 표명을 해야 하는데 그렇게 하지 않는다는 것이었다.

직장이나 모임에서도 가장 골치 아픈 사람은 연락이 안 되는 사람,

술 마시고 잠수 타는 사람이다. 이런 사람들의 처신은 현실 부적응에 가까워 많은 이들의 속을 태운다. 이렇게 매사에 우유부단하고 애매모호한 남자를 배우자로 결정하면 여자는 평생 고생 예약이다.

둘째 케이스의 남자는 꽤 스마트한 외모로 주변의 구애를 제법 받는 사람이었는데, 연상녀인 이 여성의 고백에 예스도 노도 아닌 어정쩡한 자세를 수개월째 유지하는 것도 모자라 포기할 만하면 애매한 멘트와 행동으로 다시 주춤하게 만드는 인물이었다.

한 발 다가가면 두 발 도망치다가도, 돌아서려 하면 미끼를 하나 던지는 이 남자. 게다가 때로는 그녀를 다른 여성들과는 조금 다르게 취급하며 마치 자기 여자처럼 대한다는 이 남자. 왜 이러는 걸까….

사랑은 뜻대로 마음 조절이 되는 부분이 아니지만, 이런 미지근한 남자들을 만났을 때 아직 본격적으로 사귀지 않았고 마음도 다 주지 않은 상태라면 사안을 객관적으로 냉정히 볼 필요가 있다. 그게 자신이 아니라 친구나 타인의 상황이거나 드라마 속 장면이라면 여자에게 그런 남자들을 추천할 수 있을까?

첫째 케이스의 남자는 결단력이 없어서 계속 회피만 하니 여자 속이 엄청 탈 것 같고, 그런 사람과 일생을 함께한다 해도 늘 뒤에 숨는 우유부단함과 용기 없는 성격 때문에 평생 뒤치다꺼리나 하게 될 것이다.

둘째 남자의 경우, 분명 어장관리 수준 이상도 이하도 아님을 바로 분간할 수 있다. 사귀긴 싫지만 계속 자기만 바라보는 건 싫지 않으니 상대방의 기분이나 답답함은 아랑곳없이 애매한 놀이를 계속하는 것이다. 이 남자 역시 함께 산다 해도 오래 행복하진 않을 것을 미리 알 수 있다.

　여자들은 박력 있는 남자를 좋아한다. 하지만 그런 남자라고 우유부단하지 않은 것은 아니다. 박력은 호기나 자기과시가 아니다. 어떤 메뉴를 고를지 빨리 결정하고, 어디에 갈지 척척 안내할 정도로 정보를 꿰고 있는 것은 작은 의미의 결단력이다. 하지만 그런 사람이라도 큰 결정에 머뭇거린다면 그건 박력 있는 게 아니라는 거다.

　메뉴를 정하고 데이트 장소를 정할 때 뜸을 들이는 남자라도 박력이 없어서가 아니고 여자를 배려해서일 수도 있다. 여자를 위한 중요한 결정에 결단력 있고 배려심 있는 남자가 진짜 괜찮은 남자다. 결정 장애와 우유부단함은 조금 다르다. 여성들은 남자의 작은 호기나 박력을 착각하지 말아야 한다. 결정적인 순간에 여자의 마음을 배려할 줄 아는 사람이 정말 결단력 있는 사람이다.

　우유부단함은 평생을 안고 가는 고질병이다. 본인이 그런 성향을 갖고 싶어 가진 것은 아니겠지만, 여성에 대한 진지한 배려로 자신의 단점을 극복하려는 의지도 없다면 개선을 기대하기는 어렵다.

　상대방의 답답한 마음을 헤아릴 줄 모르는 남자라면 더 매달리지 말고 빨리 잊는 것이 좋다. 사랑은 구걸이 아님을 모르는 '무심함'은 '우유부단함'과 동의어이다.

여성에게 너그러운 좋은 남자가 되자

1

　내 눈에는 요즘의 일부 젊은 남자들이 조금 이상하다. 여성을 공격하는 남자들 이야기다. 과거에도 여성 차별은 있었지만 요즘처럼 젊은 남성들이 유치한 방법으로 여자를 비하하고 폭력을 행사하며 막무가내로 끌어내리던 시대는 없었는데, 이젠 여성에 대한 일부 몰지각한 남성들의 조롱과 폄하가 도를 넘는 것 같다.

　군과 교육계·문화계 등 사회 각지에서 우월한 지위를 이용한 성추행과 폭행으로 여성들이 자살까지 할 정도로 궁지에 몰리고, 어떤 여성들은 남자에게 이별을 통보했다가 살해를 당하거나 테러를 당하기도 하며, 몇몇 대학의 남학생들은 단톡방에서 성추행 발언을 공개적으로 해서 충격을 주기도 한다.

　이와 같은 현상은 물론 여권신장의 분위기 속에서 역차별을 받는 남자들의 위기감 때문일 수도 있다. 이런 부류의 남성들에 대한 한 분석 기사를 보니 남여 성비의 불균형이 심각한 세대에서 더 그런 모습이 두드러진다고 하는데, 여아 100명당 남아가 120명을 넘을 정도로 심각한 비율을 보이던 시기에 태어난 남성들이 막연한 불안을 느낀다는 것이다. 그 세대는 결혼 적령기에 자기 짝을 찾지 못할 것이라는 위기감 때문에 여성을 공격하는 것이라는데, 일리는 있지만 다소 사회진화론적 관점에서 바라본 단순한 분석이 아닌가 싶다.

아무튼 그런 일부 남성들의 행동은 집단 이기주의에 해당하는 것으로, 누군가 시작한 것에 군중심리로 찬동하는 현상 같다. 또한 여성들의 능력이 남성을 압도하는 일들이 자주 벌어져 사회 전반에서 여성의 약진이 두드러지다 보니 열등감과 상처받은 자존심이 엉뚱하게 표출되는 것이라고 본다. 본질을 보지 못하게 하는 선동에 이끌린 사람들의 착각과 발끈함이 그 원인인데, 이는 반사회적이며 너그럽지 못한 생각이다.

2

여성가족부의 세금낭비를 문제 삼거나 여자의 권리를 남성과 동등하게 할 바에는 여자도 군대를 가야 하는 것 아니냐는 등의 이야기를 들을 때가 있다.

물론 여성가족부에서 '아빠, 힘내세요.' 같은 노래가, 일은 남자만 한다는 편견을 심어준다고 금지를 시켰다든지 하는 이야기는 너무 근시안적이며 어이없다고 생각한다. 그러면 어머니의 은혜를 노래하면 아버지는 아무것도 한 게 없다는 의미인가? 하지만 이런 난센스는 비단 그 부서에서만 나오는 것이 아니다. 국가기관이 하는 일 중 어처구니없는 탁상행정의 예는 얼마든지 찾아볼 수 있다.

남성들은 이 나라에서 정말 여성의 권리가 과도하다고 생각하는가?

그리고 보통의 여자들이 정말로 남자를 이겨먹고 올라서서 세상을 정복하기 위해 자신들의 인권을 말한다고 여기는가? 또한 세상 여자들의 문제가 여자들만의 문제일까?

성형 중독을 욕하기 전에 남자들이 얼마나 여자를 외모로 따져 예쁜 여자만 밝혔으며, 못 생긴 여성들을 무시하고 희화시켜 웃음거리로 삼았는지 먼저 돌아보아야 한다. 과도한 여성 인권을 말하기 전에 여자를 부속품으로 만든 유교적 전통 속 남존여비 사상 안에서 억압당한 세월을 돌아볼 수 있어야 한다.

성경을 제대로 따르면 페미니즘이 필요 없다. 성경은 현대 영어역본의 저급한 표현들과 달리 원래는 남녀의 일에 대해 무척 점잖게 표현하며 직설적인 표현을 쓰지 않는다. 또한 여자들을 항상 존중하도록 가르친다. 예수님도 여성들의 신분이나 직업을 따지지 않으셨고, 주님을 배신하지 않고 끝까지 따른 사람들도 거의 여성이었으며, 심지어 주님을 잉태한 것도 낮고 보잘것없는 여성이었다.

기독교가 성경을 조작할 의도가 있었거나 이슬람처럼 이유 없는 남성 우월적 사고로 기록됐다면 여성들의 활약상을 긍정적으로 기록하진 않았을 것이다. 에스더 왕비의 현명함이나 룻과 나오미의 아름다운 관계, 값비싼 향유로 주님의 발을 씻어 복음이 전파되는 곳마다 그녀의 이야기가 전해지게 된 마리아까지, 지혜롭고 충성스러운 여자들의 이야기는 성경 곳곳에 남아 있다. 아니, 그들은 여성이라서가 아니라 똑같은 한 인간으로 취급되었을 뿐이다.

3

미안하지만 요즘은 좋은 남자가 조금 드문 것 같다. 젊은 여성들에게는 남자를 제발 신중히 고르라고 알려주고 싶다. 종교가 좋은 남자를 만드는 것은 물론 아니다. 어떤 직업이나 학력이나 그 무엇도 좋은 남자를 보장하지는 않는다. 그럼에도 불구하고 나는 기독교인 여성에게는 기독교인 남성이 희망이라고 생각한다. 타 종교인들은 동의하지 않겠지만 종교가 없는 여성에게도 기독인을 권하고 싶다.

진실하게 믿으려 애쓰는 크리스천 남성들은 어떤 면에서는 더 나약하기도 하고, 그들의 성품 자체가 더 낫다고 하긴 어렵지만 최소한 고뇌하면서 고쳐나가려는 생각을 지니고 있다. 그리고 그들이 성경을 제대로 믿고 받아들인다면 여성들의 문제가 곧 자신들의 문제임을 인식하고 노력할 것이며, 기본적으로 여성을 존중할 것이다.

여자 남자를 따지는 것은 유치한 일이다. 이상한 여자도 많지만 그것은 그들이 여자라서가 아니라 이상한 행동을 하기 때문이다. 이상한 남자들 때문에 싸잡아서 모든 남성을 늑대 취급 하는 것은 불합리한 것인데도 여자가 어떤 실수를 해서 주목을 받으면 여자는 다 그런 것처럼 넘겨짚는 일이 많다. 남자들이 자기가 남자라서 남성을 편드는 것이라면, 여성은 어머니와 누이, 그리고 자기 딸처럼 생각하는 마인드가 필요하다.

남자는 마음이 넓어야 한다. 실제로 넓지 못해도 넓은 사람처럼 행동해야 한다. 그래야 좋은 남자가 되고, 균형 잡힌 사고를 할 수 있다. 그런 사고방식은 결혼생활에도 도움이 된다. 여자들이 나를 좋아하지 않는다고, 다 눈이 삐었다고 하는 남자들이 의외로 많지만, 한탄을 하기 전에 먼저 좋은 남자가 되자. 여성에 대해 바르고 공정한 생각을 할 줄 아는 남자가 되면 솔로 탈출의 고민도 훨씬 줄어들 것이다.

독한 여자는 못난 남자의 작품이다

1

시대가 바뀌고 아무리 위상이 나아져도 여성은 영원한 약자일 수밖에 없다. 영원한 강자를 적으로 두고 있기 때문이다. 그들은 바로 남자다. 적극적으로 여성을 비하하는 자들은 소수이겠지만 통념이나 무의식 속에서 여성들을 얕잡아 보는 남성은 의외로 많다.

물론 욕먹을 여성도 있겠지만, 똑같은 행동을 해도 여성이라서 더 욕을 먹는 일이 있다. 잘못한 행동에 대한 비판에 그치지 않고 여자라는 사실 때문에 비난과 혐오가 더해진다.

오랫동안 억압받는 여성들 사이에서 나온 운동이 페미니즘feminism이다. 이 운동은 중세로부터 현대에 이르기까지 꾸준히 발달했는데, 사실은 비성경적인 것이며, 뉴에이지 운동과 각종 무신론적 사상들을 담고 있다. 여성의 인권을 회복한다는 취지와 필요성에 공감하나 그 철학이나 실행 방식에는 문제가 많다.

다시 강조하지만 기독교 교리가 페미니즘을 평가절하 하는 것은 아니다. 사람들의 오해와 달리 성경은 이미 여성을 아끼고 존중하고 있지만, 그것이 세상이 생각하는 평등과는 개념이 다르기 때문에 잘못 이해된 것뿐이다. 세상은 모든 행동을 똑같이 할 수 있어야 양성평등으로 인정하지만 성경은 남녀가 모든 부분에서 똑같지는 않고 역할에 따른 특수성이 있음을 강조하고 있다.

화장실의 남녀 구분도 없애야 한다거나 남자도 임신할 수 있어야 하고, 여자도 군대에 가야 한다는 식의 이야기는 평등이 아니다. 획일적 평등equality보다 귀한 것은 공평equity, 즉 '공명정대'이다. 성경에서는 인간이 만든 일부다처제를 잘못으로 지적하고 여성의 인격과 영혼의 무게가 동일함을 말씀하지만, 남녀가 매사에 같은 권한을 지니지는 않는다. 그것은 사실상 '권한'이 아닌 역할의 차이일 뿐이며, 권한이라고 부른다 해도 양성이 서로에 대해 어떤 점은 낮고 어떤 점은 부족한 '서로 다름'과 '상호 보완'의 개념에 지나지 않는다.

2

국내에서는 몇 년 전부터 페미니즘을 능가하는 한 움직임이 주목을 받고 있다. '메갈리안', 줄여서 '메갈'이라고 불리는 이 여성들은 여혐(여성 혐오)의 진원지라 할 수 있는 '일베'일간베스트 사이트를 중심으로 남자들이 퍼부은 혐오에 맞서는 집단이다. 이들은 포털에서 독립했다가, 옹호하는 대상과 표현 방식에 따라 다시 두 개의 새로운 이름의 단체로 분화했다고 한다.

그들의 행동은 사회적으로 많은 물의를 일으키기도 하고 박수를 받기도 한다. 뜻은 좋지만 보기에 불편했던 생리대 퍼포먼스 같은 것은 눈살을 찌푸리게 했지만, 소라넷 같은 음란사이트의 폐쇄에 결정적인 역할을 한 것은 잘한 일 중 하나였다.

아무튼 메갈리안이 취하는 방식은 소위 미러링^{mirroring}으로 자신들이 받은 혐오를 거울에 비추듯 되돌려주는 것이다. 말하자면 '반사'하는 것. 여성 혐오론자들이 만든 '김치녀', 즉 명품밖에 모르면서 데이트 비용도 내지 않는 개념 없는 여자를 이르는 말은 여러 가지로 부족하고 부실한 벌레 같은 한국 남자라는 뜻의 '한남충'으로 바꾸고, '암탉이 울면 집안이 망한다'는 '수탉이 울면…'으로 바꾸는 식이다.

이 여성들의 '반사'를 들어 보면 남성들이 그동안 어떤 폭력적 혐오를 가했는지 알 수 있다. 미러링이기 때문이다. "오늘 왜 이리 까칠해? 생리해?" 이런 무례한 말은 "오늘 왜 이리 까칠해? 몽정했어?" 이렇게 바뀐다고 하는데, 이 책에서 거론할 수 있는 최대치가 이 정도이고, 상상을 초월하는 말들이 많다.

메갈리안들의 집단 메갈리아는 원래 한 포털의 메르스^{MERS, 중동호흡기증후군} 갤러리^{토론방}에서 시작됐다고 한다. 메르스 발병 당시 감염된 것으로 보이는 한 한국 여성이 홍콩 비행기의 격리 조치를 거부해 아시아에 메르스가 퍼진 것이라는 근거 없는 루머 때문에 남녀 성 대결의 격론이 벌어졌던 모양이다.

그때부터 시작된 여성 측의 반격을 통쾌하게 바라본 여성 네티즌들이 성지처럼 여긴 곳이 이 메르스 갤러리인데, '메갈리아'라는 말은 '메르스 + 이갈리아'로 이갈리아^{Egalia}는 남녀의 역할이 뒤바뀐 가상의 나라를 배경으로 한 게르드 브란텐베르그^{Gerd Brantenberg}의 『이갈리아의 딸들』이라는 노르웨이 소설에서 따온 것이다. 이 나라에서는 남자가 성폭행을 당하는 등 모든 면에서 남성이 억압받고 있다.

이런 미러링의 기법을 보니 「증오」White Man's Burden, 1995라는 할리우드 영화가 떠오른다. 이 영화에서는 백인이 약자이고 흑인이 기득권층이다. 백인은 늘 차별받고 일자리를 얻기도 어렵다. 대기업의 회장도 흑인이다. 주인공 백인 남자는 돈이 없어서 아들이 좋아하는 흑인 슈퍼맨 인형을 사주지 못하는 비참한 처지다. 이처럼 평소 보이지 않던 불평등이 입장을 바꿔 보면 극명하게 드러나는 효과를 활용한 것이 메갈리아의 방식이었다.

소설 속 이갈리아에서 여성은 움wom이고 남성은 맨움manwom이라고 한다. 맨man에 wo가 붙어 우먼women이 되는 언어도 불평등하므로 반대로 뒤집은 것이다. 물론 크리스천은 이런 것을 받아들일 수 없다. 남자가 먼저 만들어졌고 여자는 남자에게서 나온 것이니까…. 페미니스트들은 그런 창세기의 말씀조차도 남성우월주의적 문화가 만든 종교의 산물, 즉 남성적 세계관의 신화로 여기겠지만 말이다. 반발심은 오해를 낳고 질서를 바꾼다. 일반적으로 지칭되는 '사람'은 man이고, 이 단어에는 모든 사람, 즉 여자까지도 포함되어 있다.

3

메갈리안들은 사회적 지탄도 많이 받았지만 여성들의 답답함도 이해가 간다. 그들이 몸을 옥죄는 '코르셋'이라고 부르는 여성 혐오, 차별, 무시, 억압과 유린 등 원인 제공을 한 것은 모두 참된 질서의 의미를 오해한 남성들이라고 할 수 있다.

과격하고 극단적인 혐오 되돌려주기가 모든 여성의 공감을 얻은 것
은 아니다. 남자들의 여성 혐오는 일종의 모욕이고 범죄인데, 아무리 억
울해도 법의 힘을 빌지 않고 똑같은 범죄로 맞대응해 사적 응징을 하
는 것은 정도가 아니기 때문이다.

그런데 한 가지 간과하면 안 될 것은, 이 여성들은 궁극적으로는 남
성 자체를 혐오하는 것이 아니라는 점이다. 결과적으로는 남성 혐오가
되는 면이 있지만 이들이 처음 하고자 했던 것은 '여혐혐', 즉 여성 혐오
에 대한 혐오였다. 처음부터 남성 혐오를 하려 했다면 바로 남자들을
비난하지, 미러링이라는 방식을 쓰지는 않았을 것이다.

또한 혐오의 정의에 따라 달라지는 판단도 있다. 변호사이자 저술가
인 마리 J. 마쓰다^{M. J. Matsuda}가 정의한 혐오 발언의 요건은 다음과 같다.

- (대상의) '열등성'에 관한 메시지
- 역사적으로 억압된 집단을 향한 메시지
- 박해와 증오로 가득 찬 비하적 메시지

말하자면 사회적 약자에 대한 메시지가 혐오라는 것이다. 자기보다
강자에게 하는 말은 비난이나 공격이라 해도 혐오와는 성격이 다르다.
흑인이 백인에게, 걸인이 재벌에게, 비정규직이 정규직 노동자에게, 못
생긴 사람이 잘생긴 사람에게 각각 상대의 특성에 대해 비난하는 욕설
은 그 강도와 양이 확연히 다르며 혐오 자체가 성립되지 않는다. "잘생

기면 다냐?"라는 말이 조롱이 아닌 것과 마찬가지다.

혐오 발언이란 상대방의 약하고 환영받지 못하는 부분들에 대해 경멸적 언어로 행해진다. 그러므로 여성들의 반발은 남자들의 여성 혐오와는 성격이 다르며 일대일의 비교는 어렵다고 하겠다. 말하자면 그녀들의 반란은 먼저 여성 혐오가 없었더라면 있지도 않았을 공격, 아니 방어인 것이다. 그런 의미에서 독한 여성을 창조한 것은 어쩌면 못난 남성들이 아닐까.

그렇다고 혐오를 주고받은 남성과 여성 어느 한 쪽이 무죄가 되는 것은 아니지만 모든 면에서 권력을 쥔 남성들이 여성들을 더 배려해야 하는 것은 분명하다. 특히 성경의 가치를 중시하는 우리 크리스천들은 신랑이신 예수님이 신부인 성도에게 베푸시는 사랑, 어떤 경우에도 버리지 않으시는 큰 사랑의 예표를 보고 하나님이 말씀하시고자 하는 참뜻에 귀를 기울여야 한다. 남녀의 질서는 지키되 남자는 여자를 존중하고 한없이 아껴야 한다.

4

여성의 권익을 말할 때 거슬러 올라가면 나오는 인물이 멕시코의 학자이자 시인인 후아나 이네스Juana Ines, 1651~1695 수녀이다. 멕시코에서 드라마로 만들어져 넷플릭스에서 방영되기도 했던 인물 이네스는 여성이 해방되기 수 세기 전에 살았던 독립 여성의 표본으로 불린다.

그녀는 그 시대의 여성들이 걸을 수밖에 없었던 전형적 선택인 결혼

대신 수녀원을 택했다. 학문을 탐구하고 시를 쓸 수 있었기 때문이었다고. 그러나 천부적인 재능과 지성으로 왕실의 총애를 받기도 했던 그녀는 시대를 역행하는 생각과 실천으로 대주교의 미움을 샀고, 44세의 나이에 전염병으로 삶을 마감했다.

당시 이단을 심판하던 종교 재판소는 그녀를 탄압하고 입을 막았다. 역사적으로 남녀에게 적용되던 이중적 기준을 주시하던 그녀의 예리한 시를 보면, 왜 남성들로 이루어진 이단 재판소가 그녀를 불편하게 여겼는지 알 수 있다.

그릇되게 여성들을 책망하는
그대 어리석은 남성들이여
그대들이 나무라는 것은 바로
그대들이 저지른 것임을 아오.

그렇게 간절히 애태우며
여성들을 유혹해 내고서
왜 정절을 요구하나요.
죄 짓도록 부추겨 놓고서

저항하는 여인을 짓밟고서
잠시 후엔 엄숙히 따져들지요.

일이 여기까지 오게 된 것은

여성이 문란하기 때문이라고.

속박이 풀린 이 열정 속에서

누가 더 큰 책망을 들어야 하나요?

남성의 유혹에 넘어간 여성인가요?

여성을 유혹한 타락한 남성인가요?

둘 다 오명을 벗을 순 없겠지만

죄는 정녕 누가 지은 것인가요?

대가를 바라며 죄를 짓는 여성인가요?

그 죄에 대가를 지불하는 남성인가요?

현대의 남성 혐오와는 달리 조심스럽고 자기성찰도 들어 있으면서, 남성들의 심리와 부끄러운 이기심을 꿰뚫는 내용이 아닐 수 없다.

서로에게 퍼부어지는 혐오는 닭이 먼저냐 계란이 먼저냐를 두고 공방할 문제가 아니다. 닭이 먼저 창조되었듯이 먼저 창조된 남자가 있다. 아담은 죄를 짓고 하나님이 찾으시자 숨어서 하나님과 여자를 동시에 타깃으로 삼아 핑계를 댄다.

"남자가 이르되, 하나님께서 나와 함께 있으라고 주신 여자 곧 그녀가 그 나무에서 나는 것을 내게 주므로 내가 먹었나이다, 하매" 창 3:12

먼저 창조된 남자가 자기에게서 나온 여자를 간접적으로 선제공격하는 장면이다. 이때부터 여자는 남자가 자신을 끝까지 지켜주지 않을 것을 알고 칼을 갈았는지도 모르겠다. 그래서 남녀의 갈등, 남성과 여성의 대립과 혐오 공방이 있다면 남자가 먼저 풀어야 할 것이다.

남자들이여, 잊지 말자. '독한 여자'는 바로 못난 남자의 작품임을.

그 남자, 구매확정 할까 말까?

좋은 남편이나 연인이 되는 것은 사람이 좋고 성실해서 그런 것도 물론 있겠지만, 의외로 결혼 전이나 연애 초기의 기대치가 좌우하는 경우가 많다. 기대가 너무 크면 나중이 상대적으로 더 초라해진다는 것이다. 용두사미보다는, 시작은 미약해도 나중이 창대한 것이 낫다.

인터넷에서 쇼핑을 하다 보면 제품의 사용후기가 나오는데, 그것은 반드시 제품 성능으로만 평가하는 게 아니다. 물건 자체가 탁월하지 않더라도 가격 대비해 쓸 만한 것들, 즉 '가성비' 좋은 물건이 있다. 저렴한 가격에 그 정도 성능이라면, 더 바라는 사람이 문제라고 할 수 있는 제품들이다. 쇼핑몰에서 물건을 팔 때도 대단한 제품인 양 너무 포장을 해 놓으면 사용후기는 좋게 나올 수 없다. 사진과 다르다든지, 동급 제품 중 더 싼 게 있다든지 하는 불만을 들을 수 있다. 반면에 사진과 똑같고 가격에 비해 만족스럽다는 평가를 받는 제품들도 있다.

킹카가 되기 위해 허세를 부리면 대개는 결혼 전부터 탄로가 나는 것이 당연한 일이다. 그런데 인터넷 쇼핑몰이 구매확정을 할 때까지는 대략 친절하고 상냥한 것처럼 남자도 그 속내와 제품(?)의 진짜 성능은 잘 포장하는 경우가 많다. 결국 구매 후 사용해보고 실망하지만 반품하기에는 늦은 경우가 비일비재하다.

남자가 일단 성공한 것처럼 보이지만 실상은 그렇지 않다. 약간의 눈속임으로 결혼까지는 했을지 몰라도 평가를 제대로 못 받으면 모든 삶이 고달파진다. 그는 미래의 시간을 집어다 미리 허비한 빈털터리 노인과도 같다. 상품 하자에 대한 책임은 물론, 결혼생활의 문제점 등 그 모든 화살이 자기에게 돌아온다.

정치인의 공약은 지키지 못할 때 안 한 것만 못한 결과를 불러온다. 공약이 지켜지지 않으면 무능함의 낙인이 찍히는 것과 동시에 자기 부족함도 모르고 공약을 남발한 실없음까지 무한책임을 져야 한다.

결혼생활에서도 사전에 큰소리를 친 사람이 그것과 대비해서 빛 좋은 개살구로 전락하고, 결혼생활의 부실함에 대한 책임도 지게 된다. 애초에 목표를 낮게 잡았으면 문제가 되지 않았겠지만 하늘의 별도 달도 따주마 했다면 문제는 배가된다. 과대포장, 과대광고의 폐해이다. 늦은 나이에 만나 서로 인생을 좀 아는 상태에서 결혼하는 사람들이 잔잔하지만 잘 사는 경우가 많은데, 과도한 기대가 없고, 장밋빛 꿈을 꾸지 않기 때문이다.

남자를 옭아매는 결혼 전 공약, 어떻게 하는 것이 바람직할까?

① 추상적인 공약은 피한다. 가장 많이 하는 말이 "행복하게 해주마." 이런 것인데, 이는 매우 주관적인 생각의 표현이다. 아무리 애를 써도 "난 안 행복해."라고 하면 그만이다. 행복은 가치와 기준이 다 다르고 시시때때로 변하기도 한다. 또 남들의 수준과 비교되기도 한다. 남자

가 생각하는 여자의 행복과 여성 본인의 기준은 다를 수도 있다. 그 기대치도 달라서 나름 할 만큼 했어도 여자가 만족할 수 없다면 그것은 약속을 지키지 못한 것이 된다.

② 구체적이고 가시적인 공약을 한다. 결혼기념일이 되면 매년 여행을 간다든지, 가사나 육아에 어떤 보탬을 주겠다든지 하는 것이다. 물론 이것도 여건이 속이고 돈이 속이는 것이긴 하지만 그래도 어느 정도는 지킬 수 있고 지키지 못한 책임을 지거나 사과 정도는 할 수 있다. 그러나 농담이라도 "손에 물 한 방울 안 묻히게 해주겠다."는 식의 과한 호기는 부리지 말아야 한다.

③ 지키지 못할 수도 있음을 전제하라. 이것은 도망갈 구멍을 만들어두라는 유치한 이야기가 아니라 여건과 세상 환경이 바뀔 수도 있음을 알고 겸손히 다가가고, 앞일을 장담하지 말라는 것이다. 직장이 바뀔 수도 있고 물가가 폭등하거나 예기치 않은 사고를 만날 수도 있기 때문이다. 여성들도 물론 그런 한계를 알고 있으므로 최선을 다하는 성실함을 보이는 자세가 중요하다.

④ 여자에게도 남자에게 받기만 하는 것이 정상은 아님을 분명히 알려라. 남자는 솔직히 문화적으로나 전통적으로 여자보다 여건상 유리한 위치에 있는 것이 사실이다. 그래서 더 책임이 크므로 주도적으로 베풀고 이끌어가야 한다. 그럼에도 남자에게만 과도한 A/S의 책임을 묻는

것은 역차별이다. 제품에도 경고가 있다. 고객의 단순 변심에 의한 환불은 불가능하다든지, 이미 개봉한 물건은 교환이 안 된다든지 하는 단서가 있지 않은가. 이처럼 사전 경고는 결혼의 위기를 넘기는 요건도 된다. 반품 배송비는 본인 부담이라 맘에 좀 안 들어도 대충 물건을 쓰는 경우도 적지 않은 것처럼.

중년이 넘은 남성에게 아내를 향해 솔직한 말 두세 마디로 영상편지라도 띄우라고 하면 대개 미안하다, 고맙다, 사랑한다, 이런 이야기를 하는데, 그 중 하나같이 빠지지 않는 것이 '미안하다'는 말이다. 이는 자기가 공약을 다 지키지 못했음을 뜻한다. 어떻게 살아도 죽을 때는 미안한 것이 남편의 자리지만, 그래도 미안하다는 말의 화답으로 "괜찮아, 당신도 고생 많이 했지…." 정도는 들어야지, "미안하겠지. 나한테 해준 게 없는 사람이니까." 이런 말은 듣지 말아야 할 것 아닌가.

남성들이여, 공약으로 상대를 사로잡지 말고 정직하라. 물질만능의 세상이 되다 보니 남자들의 부담이 커지는 것도 사실이지만, 요즘은 별로 가진 것이 없는데도 자기 포장으로 뭔가 어필하려는 이들이 많아지는 것 같다. 그런 것이 쉽게 통하는 여자라면 남성 입장에서 그리 좋은 배우자라고 하기는 어렵다.

한편 고객은 오히려 작은 것에 감동한다는 것도 기억하라. 본 제품보다 거기 달려온 사은품 막대사탕에 기분이 달라지는 것이 사람이다. 너무 판에 박힌 수순을 따르지 말고 신선한 것으로 부족함을 채워가는 것도 잊지 말라. 그런 덤은 항상 행복을 생각하는 배려로 가능하다.

여성들이여, 39,900원 짜리를 살 때는 풀 서비스를 기대하지 말라. 그러나 보이는 것이 다가 아니다. 진품과 짝퉁은 겉으로 매겨진 가격으로 알 수 없다. 그것을 알아볼 수 있는 따스한 시선과 세속적인 기준과는 차원이 다른 고상함을 지녀야 한다. 그래야 오래도록 함께할 수 있는 좋은 사람을 만난다.

그리고 약속 이행의 정도만 놓고 평가하지 말고 정말 명백히 나쁜 사람인지, 나름 최선을 다해 잘하고도 욕먹는 것인지 판단할 수 있어야 한다. 그런 기준은 남편을 긍휼의 마음으로 바라볼 때 가능하다.

삶과 사랑은 자로 재서 찍어내는 공산품이 아니다. 고민 없이 고가의 명품을 원클릭으로 사버리는 것이 아니라, 고르고 고심해서 산 뒤에 기다리고 기대하며, 얻을 수 있음에 감사하는 삶, 다소 아쉽더라도 별 한 개쯤 더 얹어서 구매확정 할 수 있는 그런 삶을 사는 커플이 행복한 사람들이다.

'교회누나',
혼기 지난 교회 여성들은 어디로 가나?

1. 설 곳 없는 교회 안의 미혼 여성들

"교회누나가 없으면 교회가 안 돌아간다."라고 할 정도로 열심히 봉사하는 미혼 여성들이 교회에 많다. 그런데 결혼을 안 한 채 일정 나이가 되면 청년부에서 소리 없이 사라지는 경우가 적지 않다. 나이가 많아지는데 결혼을 안 한 자매에게 특정 직분을 줄 수는 없지만, 언니·누나·자매님이라 부르기엔 서로 불편하고, 아줌마도 아니고 아가씨도 아니라 갈 만한 부서도 없고…. 그러다 보니 아무 잘못도 없는 여성 청년들이 민폐를 끼치는 꼴이 되어 눈치를 보는 일이 생긴다.

매우 안타까운 일이다. 성경은 결혼을 권하고 있지만 억지로 할 수도 없고, 결혼을 미루거나 하기 어렵게 만드는 사회적 문제도 무시할 수 없는데, 열심히 교회를 섬긴 자매들에게 부담을 줄 수는 없다.

가족에게도 결혼 압박을 받는데 교회에서도 품어 줄 수 없다면 이들은 갈 곳이 없다. 정확한 수치의 데이터는 없지만, 이런 나이 많은 여성 싱글족이 친교와 결속력이 강한 이단 집단이나 교계의 불건전한 성경 연구 단체 등으로 옮겨가는 경우도 꽤 있으며, 이들을 향한 포섭 사례도 전해들은 적이 있다. 이에 교회들은 구체적이고도 실효성 있는 대책을 마련할 때라고 본다.

큰 교회에는 다양한 부서가 있다. 신혼부부를 위한 부서나 결혼 예비자, 말하자면 노총각·노처녀들의 부서를 운영하기도 한다. 그러나 작은 교회들은 이런 청년들이 장년으로 옮겨갈 때 겪는 괴리감을 희석시켜 줄 완충작용을 하는 부서나 사역이 거의 없다. 그래서 어정쩡하게 장년부로 가서 일하다 보면 기혼 여성들과의 공감대가 없어서 소외감을 느끼고, 계속 청년부에 남아서 버티는 것도 이상해진다. 그래서 특수부서가 있는 대형교회로 옮겨가는 자매들도 있다.

교회의 대형화, 대형교회와 개척교회의 양극화 현상은 이런 부분에서도 원인을 찾을 수 있다. 큰 교회가 신자를 빼앗아 간다고 탓만 할 것이 아니라, 가능한 한 많은 이들이 마음 놓고 하나님을 섬기며 이웃과 교제할 수 있는 공간과 환경을 만들어 주는 것도 성도와 교회가 건강하게 함께 성장하는 하나의 비결이 될 것이다.

2. 교구에도 청년부에도 들어가기 어려운 이들

청년부와 장년부를 연결시키지 못해서 청년부서를 겉도는 '교회 안의 교회'로 두는 곳이 많고, 교인 자녀가 아니면 서로 아는 사람도 별로 없다. 이는 교회와 청년들 모두에게 큰 손실이다. 현재 대개의 교회는 청년부와 장년부(남/여전도회)의 활동이 너무 판이해서 그 괴리가 크다. 밴드에 맞춰 CCM을 부르던 사람들이 무반주 찬송가의 세계로 옮겨가는 과정의 어색함을 어찌 할 건가? 모두 교회 부적응자로 분류할 건가? 사람은 장년부가 되어도 갑자기 정서가 바뀌지는 않음을 인정하고, 이제 교회는 장년 사역도 세련되고 젊고 활기차게 바꿀 필요가 있겠다.

이런 문제를 줄일 수 있는 완충작용을 하는 부서를 만들되 천덕꾸러기들을 처리한다는 느낌을 줘서는 안 된다. 그럴 거면 안 하는 것이 낫다. 대안이라면, 이미 많은 교회들이 실천하고 있듯이 그룹을 작게 쪼개 연령과 특성별로 모일 수 있게 하는 것이다.

교회 목회자와 중직들은 중간 위치에서 허리처럼 든든하게 사역해온 자매들을 잘 대우하고 사랑으로 보살필 때 그들에게서 교회 부흥은 물론 새로운 활기를 기대할 수 있음을 기억하고 대안을 마련하면 좋겠다. 물론 더 소수 그룹인 싱글 형제들이 겪을 역차별도 염두에 두어야 할 것이다.

3. 사역만 하다 혼기를 놓친 여성들에게 필요한 위로

크리스천 미혼 여성들은 결혼 문제를 위해 하나님께 기도하되 구체적인 조건보다는 가장 합당한 사람을 알아볼 수 있는 겸손과 지혜를 달라고, 그리고 나의 기대치보다는 하나님의 뜻을 함께 이룰 수 있는 사람을 놓고 기도하는 것이 좋겠다.

결혼을 위해 준비하고 일정 부분 노력하는 것도 필요하지만, 결혼으로 인해 치러야 하는 비용과 대가는 너무나 크고, 잘못될 경우에 생기는 여성의 피해도 치명적이다. 그러므로 너무 서두르거나 결혼을 반드시 해야 한다는 강박은 갖지 않아도 될 것 같다.

　교회에서 받는 상처는 직장이나 다른 곳에서 받는 것보다 체감이 크다. 교회의 원동력은 자매들인 경우가 많지만, 늘 '여성은 잠잠하라'는 식으로 억압을 받기도 하고, 몇 명 때문에 새로운 부서를 만들어야 하는지 고민하는 교회 때문에 눈치를 보게 만드는 일도 겪었을 수 있다.

　교회 장년부는 기혼남녀를 기본으로 고정시킨 채 사역을 할 수밖에 없고, 돌싱과나 노처녀·독신녀 등을 계산에 넣을 여력이 없는 것이 사실이다. 그러나 이는 시대적으로 꼭 필요한 일이므로 교회누나들이 먼저 섬기는 교회를 설득하고, 또래나 특성이 맞는 이들끼리의 커뮤니티를 제안하는 것도 방법이라고 생각한다.

　교회누나들, 어디로 안 가도 된다. 그들의 경험과 세심함은 점점 심각해질 결혼 문화에 잘 대처할 수 있는 교회의 노하우가 될 수 있다. 함께 길을 찾고 새로운 문화를 열어가며 오래 동행할 수 있기를…

둘이 아닌 하나… 열매 맺고 지키는 사랑

하나가 아닌 둘… 결실을 향한 사랑

커플&부부

사랑과 결혼 가꾸기

'관계'가 자라지 않는 관계

살다 보면 뜻대로 되지 않는 답답한 일들이 많다.

인터넷 사이트에 어쩔 수 없이 귀찮은 회원가입 과정을 거의 다 했는데 백 버튼을 잘못 눌러 처음부터 다시 입력해야 하는 일도 있고, 기껏 이메일을 보냈는데 스팸메일로 처리되거나 상대방이 실수로 지워 다시 보내야 할 때도 있다.

뭐 이 정도는 자주 있는 일이고 별것도 아니다. 그러나 몇 시간 컴퓨터 작업을 했는데 저장을 안 한 상태에서 프로그램 오류로 종료된다든지, 하드 디스크 에러로 몇 년 치의 데이터가 날아간다든지 하는 일은 정말 낭패다. 이런 일이 답답한 이유는 모든 것이 원점으로 돌아가기 때문이다. 다시 하는 것 외에는 다른 방법이 없고, 깨끗이 잊어버리기도 어렵다. 그 과정을 다시 하면서 계속 허탈함과 아쉬움이 상기되기 때문이다. 또한 따질 대상도 하소연할 곳도 없다. 스티브 잡스를 욕해봐야 달라지는 건 없지 않나.

어떤 질병에 걸린 경우에도 모든 수단을 동원해 치료를 했는데 약 처방의 실수나 감기 등으로 모두 수포로 돌아가 다시 치료해야 하는 수도 있다. 공들인 일이 수포로 돌아갈 때는 새로운 난관보다 더 힘들고 맥이 빠지기 마련이다.

사람과 사람 사이의 관계란 매우 복잡한 실타래 같아서 다양한 문제들이 얽혀 있지만 그중에서도 가장 답답하고 해결책이 없는 것은 관계의 발전이 없는 경우이다.

고드름은 처음부터 뾰족하고 길게 만들어지지 않는다. 눈송이도 처음부터 육각형이 될 수는 없다. 먼저 얼음이 된 뿌리가 있어야 고드름이 되고, 티끌이라도 있어야 눈송이가 아름다운 모양으로 자란다. 처음 상태 그대로만 있으려 한다면 아무것도 만들어지지 않을 것이다.

사람도 만나면 싸우든지 좋든지 시큰둥하든지 무엇이든 역사가 생기고 사연이 누적된다. 그런데 어떤 사람과는 일정한 관계 이상 더 나아가지 않을 때가 있다. 그런 사람은 원래 모든 관계를 그렇게 유지하는 것밖엔 모르는 사람일 수도 있고, 나와는 더 이상 다가서고 싶지 않다는 의사표현일 수도 있다. 정확히는 이 두 가지 특성이 복합적으로 나타난다고 보는 것이 맞다.

관계를 만들어나갈 줄 모르는 사람은 대개 무신경하고, 상호작용에 익숙하지 않은 사람이다. 이런 사람과는 맺어지기도 힘들지만, 연애나 결혼생활의 진전을 기대하기가 어려워서 재미가 없다.

이런 사람들은 평소에는 그 특성이 잘 드러나지 않고, 서로 의견이 다를 때 알아볼 수 있다. 어떤 말도 벽에다 하는 것처럼 늘 같은 말만 되돌아온다. 공방이 벌어지거나 여러 사건들이 더해지면 그에 따라 주장이나 입장과 태도에 변화가 생겨야 하는데 초반에 했던 이야기만 계속 되풀이하기도 한다. 프로그램이 다운되어도 작업하던 상태까지는 남아 있어서 거기부터 이어서 할 수 있다면 얼마든지 참아 줄 수 있다. 문제는 한 번 했던 과정을 다시 해야 하는 괴로움이다. 누군가 만날 때 초반부터 이런 문제에 부딪힌다면 장기적으로 고민해 볼 일이다.

사람 간의 관계란 늘 좋을 수 없지만 좋은 것과 나쁜 것이 교차하면서 미운 정과 고운 정이 들고 남들과는 다른 둘만의 이야기가 쌓이는 것이다.

부모는 자식을 오늘의 모습만 보지 않는다. 그래서 환갑이 된 자식에게도 차 조심하라고 말하곤 하는데, 아이 때부터의 모습이 쌓이고 겹쳐 보이기 때문이다. 부부도 배가 나오고 다이어트에 실패한 모습을 보면서도 예전 모습을 함께 보기 때문에 큰 이질감이 없다. 오늘 두 사람의 관계도 지나온 세월의 굳은살 때문에 버틸 수 있는 법이다. 이것이 안 되면 두 사람은 위기를 만났을 때 갈라서게 된다.

연애 상대로 생각하는 이가 관계를 덧입혀 갈 줄 모르는 사람이라면 고민이다. 두 사람이 여정을 함께 출발한 줄 알았는데, 한 사람이 어느 지점에 도달해 보니 상대방은 아직도 전 역을 벗어나지 못하고 있다. 그러면 다시 이전 역까지 가서 그를 데려와야 한다. 한두 번이면 모르지만 이런 일이 반복되거나 여러 역을 간 상태에서 다시 처음 역으로 가야 한다면 금세 지칠 것이 분명하다.

이런 사람이 정말 그 이상의 소통 방식을 몰라서 그러는 것인지, 알면서도 더 다가가기 싫어서 일부러 모른 척하는 것인지 분별할 필요가 있다. 원래 스타일이 그런 거면 몰라도 나한테만 그런다면 싫다는 의사 표시인데, 눈치 없이 끌고 가면 안 될 테니까 말이다.

사랑의 타이밍은 각기 다르다. 시간과 속도, 그리고 양의 차이가 분명히 존재한다. 안 맞으면 차라리 기다려 달라든지, 나한테 맞추라든지, 싸우든지 포기를 하면 그건 정상이다. 하지만, 나는 한 발짝도 안 뗄 거니까 오든지 가든지 내 소관이 아니라는 식이라면 그와는 더 먼 여정을 떠날 수 없다. 이런 사람은 아무리 긴 인내심으로 되돌아가 손을 잡아끌며 함께 가고자 해도 소용이 없을 것이다. 관계가 자라나지 않는 관계는 언제 어긋나도 어긋나기 마련이니까.

온유함이라는 의무와 특권

1

    어느 작은 공원의 놀이터. 초등학교 저학년의 여자아이와 서너 살 위의 남자아이가 그네를 타고 있다. 똑같이 닮은 얼굴. 분명 오누이였다. 도란도란 이야기를 나누는 그 남매의 말을 들어 보니 여간 다정한 게 아니다. 요즘 아이들 사이에서 문제가 되는 비속어나 거친 욕설도 없고, 아이들 특유의 천진함이 묻어나 미소가 절로 나왔다.

    특히 남자아이는 동생을 어찌나 알뜰하게 챙기는지, 웬만한 아빠보다도 자상해 보였다. 운동기구로 옮겨와 나누는 둘의 대화.

"지민아. 그건 위험해. 오빠 팔 잡아."

"응, 오빠."

"재밌지? 하하하, 지민이 되게 잘한다."

"어, 내 모자 떨어졌다."

"응, 괜찮아. 오빠가 집어 줄게~."

    그 지민이라는 아이는 앞으로 살아가면서도 참 든든하겠구나 싶었다. 나는 살가운 성격도 아니고 여동생이 없어서 그 느낌을 잘 모르는

데다 누나도 연년생이라 쓸데없는 자존심으로 대립각을 세운 적이 많아서 그런지 흐뭇하면서도 손발이 오그라들 정도로 그 오빠라는 아이는 다정했다. 하지만 우리 누나도 아주 어릴 때는 13개월 차이도 누나라고 밖에서 놀던 나를 향해, 본인도 뒤뚱거리면서 이렇게 말하곤 했다고 한다.

"아가~ 살살 걸어. 넘어질라~~."

다정한 오누이를 보면서 드는 생각은 참 부럽다는 것이었다. 선천적으로 다정다감하지 못한 스타일인 나는 그 지민이 오빠처럼 따스한 말을 잘 못 건네는 사람이기 때문이다. 연애를 할 때나 결혼 후에도 다정함은 늘 부족했고, 장난기는 심해도 따뜻한 말을 자주 건네거나 온유하게 대해 본 일은 별로 없는 것 같다.

2

사랑은 온유한 것이다. 사랑한다면 상대방에게 위로가 되어야 한다. 세상살이는 너무나 버겁고, 모든 사람에게 큰 짐이다. 그들에게 따스한 위로를 주는 사람은 당연히 가장 가까운 데서 힘과 용기를 주는 연인이나 배우자가 되어야 한다. 그렇게 되면 사람은 언제나 마음의 평온을 누리면서, 비둘기가 하루종일 먹이를 찾아 헤매다가도 새장으로 돌아오듯이 쉼을 얻기 위해 제자리로 돌아온다.

그런데 세상에 그처럼 온유한 사람은 매우 드물다. 상대방을 갖고 싶은 시기에는 누구나 온유하고 따스해 보인다. 시간이 지나면 그것이 가식이었는지 진심이었는지 알 수 있지만, 그 전에 마음을 주고 너무 많은 것을 허용하기도 한다.

물론 겉으로 말로만 다정하고 속은 빈 경우나, 겉으론 무심해 보이지만 따뜻한 가슴을 지닌 사람도 없진 않을 것이다. 하지만 그런 낯간지러울 정도의 말들을 오랫동안 변함없이 할 수 있는 사람이라면 상대방을 무척 사랑하는 사람이며, 최소한 아름답고 착한 마음으로 살려는 의지가 있는 사람이라 할 수 있다.

3

온유함은 사랑의 가장 아름다운 모습 중 하나이다. 사람은 자신의 아기를 돌볼 때 가장 온유하고 너그러워진다. 그런 마음으로 배우자와 연인을 대하면 서로 험한 말도 덜하게 되고 언행을 조심하게 되어 관계도 개선될 것이다.

학창시절에 미술교사 자격증을 따기 위해 미술교육지도법 과목을 듣고 수료했다. 그때 여교수님은 미술을 가르치는 방법이나 노하우보다는 아이들을 사랑하는 마음을 늘 강조하셨는데, 지금도 다른 것은 생각 안 나고, 가르칠 아이들을 진심으로 배려하고 온 마음으로 따뜻하게 대하라는 내용의 수업들만 생각난다. 그중 옆 친구와 손목과 팔을 잡아보게 하면서 특정한 마음을 가져보라고 한 일이 기억난다. 미워하고 화가 나는 마음으로 잡을 때와 사랑하며 품는 마음으로 잡을 때는 닿는 면적 자체가 다르다고 한다. 그 면적과 사랑의 크기는 비례하는데, 그것은 상대방에게도 전달되어 당사자도 그대로 느낀다는 것이다. 사랑하는 사람의 손을 잡고 안아주고 할 때도 마음의 면적은 고스란히 전달될 것이다.

사랑하는 마음은 여러 방법으로 표현할 수 있지만 따뜻한 위로와 온유한 말, 그리고 가까운 사람일수록 더 배려하는 예의와 품위가 기본이다. 너무나 잘 알지만 안 되는 것이 바로 이런 것들인데, 사랑하는 이와 이별하거나 사별하면 가장 후회하는 부분이 험한 말과 상처를 입힌 기억들이기도 하다.

삶은 고통의 연속이다. 그 안에서 사랑하는 이들이 오늘도 다치고 넘어지며 고군분투하고 있다. 따뜻한 말과 사랑의 위로는 사랑하는 사람의 의무이자 특권이다. 내가 힘들 때는 의무감으로라도, 내게 여유와 행복이 넘칠 때는 특권으로 온유함을 나누어주자. 사랑은 따스함의 경험으로 단단하게 다져지고 두터워질 것이다.

익숙한 사람이 낯설어질 때

누구에게나 여러 가지 단점이 있고 고치기 어려운 부분이 있지만, 어떤 때는 가장 대처하기 어렵고 치명적인 것으로 생각되는 특징이 있다. 그것은 바로 '잘 변하는' 것이다. 신의를 저버리고, 사랑을 배반하고, 신념을 바꾸는 그런 종류를 말하는 것이 아니다. 그것과는 좀 다른 문제다. 좋은 쪽이든 나쁜 쪽이든 어느 날 보니 왠지 딴 사람 같은 그런 느낌을 말한다. 이런 '변화'는 단점이 개선되는 변화라도 그리 달갑지가 않다.

사람은 믿을 만한 존재도 아니고 그리 쉽게 변하지도 않는 존재인데, 어느 날 갑자기 다른 얼굴을 한다는 것은 정서나 내면이 불안하고 안정적이지 못하다는 증거다. 사람은 궁극적으로 변할 수 없는 존재이다. 심령이 변화되어 거듭나는 그런 종류를 뜻하는 것이 아니라, 타고난 인성, 육신의 기질을 말한다. 누구에게나 특정한 기질이 있어서 하나님도 그 기질대로 사람을 사용하신다. 이것이 왔다 갔다 한다면 조금 문제가 있다고 본다.

기억을 돌이켜보면, 어릴 때부터 누군가가 갑작스럽게 달라져 무안하거나 당황했던 기억들이 있다. 사회에서 술버릇이 좋지 않은 사람들을 만날 때도 그랬다. 이런 부류는 술이 좀 들어가면 눈빛부터 바뀌어 평소 꽁하고 있던 일에 대해 배배 꼬며 사람을 집요하게 괴롭히는 유형이다. 처음부터 일관되게 그런 식이면 차라리 나은데, 술이 깨면 또 언제 그랬냐는 듯이 쿨하고 유쾌해져, 어느 것이 본성인지 의심되고 혼란을 주니 진심으로 대하기가 힘들다.

어릴 때 꽤 가깝게 지내던 친구가 중학교에 들어가서 좀 덩치 큰 녀석들과 놀더니 길에서 마주쳐도 투명인간 취급하며 지나친 경험도 있고, 지인을 발견하고 웃으며 다가갔는데 나를 전혀 기억 못해서 민망했던 기억도 있다. 군대에서도 늘 똑같이 고약한 고참은 오히려 대처하기가 쉬운데, 웃으며 잘해주다가도 갑자기 한두 마디에 미치광이처럼 변해 온 중대를 뒤집어놓는 그런 상사가 더 대책 없었다.

2

사람은 누구나 양면성을 함께 가지고 있고, 자기 자신이 모르는 의외의 모습도 지니고 있다. 문제는 다른 사람을 대할 때이다. 자기 성격과 불안정함은 스스로의 문제인데 이것을 타인에게 그대로 드러내면 상대방은 어리둥절해진다.

"사랑이 어떻게 변하니?"

영화 「봄날은 간다」2001의 남자 주인공이 한 대사는 지금도 유명하다.

진짜 사랑했다면서 어떻게 변할 수가 있느냐는 이 말은, 한 번쯤 안타깝고 어처구니없는 실연을 당한 사람이라면 크게 공감할 만한 심경을 표현했기 때문에 오랜 세월이 지난 지금까지 사람들이 기억하고 있다.

나는 이 영화의 흐름에 쉽게 공감하지 못했던 기억이 있다. 여자가 왜 변하는 건지, 별다른 과정이 없이 그냥 변한다. 원래부터 이 남자를 그리 사랑하지 않은 것인지 갑자기 다른 사람에게 간 것인지 자세하게 설명하지 않기 때문에 더욱 안타깝고 답답했다.

내 눈에 주인공 여자는 사랑이 변한 게 아니라 사람이 변한 것 같았다. 속사정이 어떤지 몰라도 갑자기 다른 사람처럼 행동한다. 남자는 변심한 것보다도 더한 허탈함을 느낄 수밖에 없다. 헤어짐은 참아도 익숙했던 사람의 낯섦은 참기가 어려운 법이다. 그때는 상대방이 돌아와도 어색할 만큼 깊은 부정적 여운이 남을 수 있다.

3

갑자기 다른 사람처럼 보이는 일은 남자보다 여자에게 더 많이 나타난다. 그래서 저 영화 스토리에 남자들은 이해가 잘 안 가도 여자들은 '맞아. 그럴 수 있어.'라고 느낄지 모르겠다. 남자는 늘 어떤 관계를 한 톤으로 이해하고 받아들이며, 비슷한 느낌으로 이어간다. 혹시 끊어져도 그 상태로 남긴다. 그런데 여자는 심경의 변화가 오면 정확하게 마무리를 하고 다른 얼굴을 해야 그 페이지가 넘어간다. 그래서 변해야 한다. 파마 한 번 해주고, 립스틱 짙게 발라야 끝나는 모양이다.

남자들은 이런 변화를 이해해 보려고 해도 이해할 뇌구조가 되지 않으며, 공감은 더더욱 어렵다. 여자는 생존의 한 방식인데 남자 눈에는 어쩔 수 없이 변심이나 배신으로 읽힐 수밖에 없다.

물론 남자도 천성적으로 불안한 스타일이 있다. 의처증이 있거나 학대하는 남자들에게 당한 여성의 이야기를 들어보면, 늘 사람을 의심하고 때리다가도 잘해줄 때는 간 쓸개 다 빼줄 정도로 잘해준다는 것이다. 인성이 나빠도 차라리 일관성 있는 사람이 낫지, 갑자기 돌변하는 사람은 그때부터 멘탈에 문제가 있는 것으로 받아들이고 경계해야 한다. 말하자면 여성의 변화는 더 잦은 일이지만 구조상 그런 것이므로, 오히려 남자의 변화가 더 위험하다고 볼 수 있다.

어떤 이유에서든 납득할 수 없는 상대방의 변화무쌍한 감정적 변신은 오해를 불러 끝내 돌아올 수 없는 강을 건너게 하는 일이 많다. 안 그래도 변하는 존재가 사람이다. 사랑도 변하고 가치도 기준도 다 지나간다. 그래도 정으로 살아가며 가족과 터전과 소중한 것들을 지키려면 인내하고 그 자리에 있어야 하는데, 자신의 감정을 롤러코스터처럼 흔들어대면 동반자는 혼란스럽고 사랑은 흔들릴 수밖에 없다.

세상이 불안하고 정신적 스트레스가 극도로 심해지고 있다. 일생의 동반자를 찾는다면 정서가 안정적이고 매사에 일관된 반응을 나타내는 사람을 찾아야 한다. 그리고 스스로가 그런 사람이 되어야 한다. 그것은 연애와 결혼뿐 아니라 삶의 모든 부분에 큰 도움을 줄 것이다.

배우자의 단점이 드러날 때

사람에게는 누구나 단점이 있다. 이런 단점은 연애할 때도 드러나지만 다 알기는 어렵다. 그래서 10년을 연애하고 결혼한 커플도 상대방에 대해 반도 몰랐다고 털어놓는 경우가 비일비재하다.

내가 연애에 대해서 젊은이들에게 조언할 때, 그들이 웃으면서도 허탈해하는 이야기가 있다. 그것은 바로 '배우자 선택은 어차피 랜덤'이라는 말이다. 배우자 선택이 일종의 뺑뺑이 돌리기라니, 무슨 말인지 알 것 같으면서도 지금 열심히 고르면서 찾아가는 과정들이 너무 허무하게 느껴질 수밖에 없기 때문에 나오는 헛웃음일 것이다.

그러나 그것은 어느 정도 사실이다. 사람은 결혼 이후에 벌어질 상황을 알 수도 없으려니와 남녀가 맞닥뜨릴 수 있는 다양한 일들 사이에서 불거지는 의외의 단점들은 본인들 스스로도 다 알지 못하는 경우가 많다.

배우자의 단점이 드러나는 것은 너무나 당연한 일인데, 막상 그것을 마주 대하면 너그러워지기가 참으로 어렵다. 그래서 많은 사람들이 결혼식장에서 검은 머리 파뿌리 되도록, 그리고 비가 오나 눈이 오나 서로만을 사랑하겠다고 서약하고도 '성격차이'를 이혼사유로 들며 등을 돌리고 각자의 길로 떠난다.

그러면 모든 단점을 용납할 수도 없고, 쉽게 돌아설 수도 없는 상황에서는 대체 어떻게 해야 하는 것일까?

슬기로운 사람과 좀 미련한 사람은 이런 시점에서 나뉜다. 슬기로운 사람은 상대방의 단점이 보였다고 해서 기본적인 사랑을 거두거나 지지를 철회하지 않는다. 반면에 미련한 사람은 드디어 올 것이 왔다는 식으로, 당신이 이런 사람이라면 나도 사랑과 신뢰를 중단하거나 조건부로 바꾸겠다고 생각한다.

존경하고 의지하던 남친이었지만 결혼해서 보니 영 실망스럽고, 예전에 보던 그런 멋진 모습보다는 좀스러운 모습을 많이 보게 되었다. 이제는 전에 보내던 존경심을 접고 앞으로 하는 것을 봐서 존경할 만하면 존경하고, 높여줄 만하면 높여주겠다면서 그게 당연한 것 아니냐고 생각한다.

또 남편은, 여자가 나를 무시하니까 나도 멋대로 하겠다며 아내를 무시한다. 이런 악순환이 반복되면 두 사람은 소원해진 관계의 탓을 자신이 아닌 상대방에게만 돌리게 되고, 서운함만 쌓아가며 더욱 심각한 껍데기뿐인 관계로 결혼생활을 이어간다.

그런데 이런 현상은 반드시 상대방의 부족함과 결함 때문에만 생기는 문제는 아니다. 대개 인간에게서 나오는 허물들은 대동소이하고 큰 범주 안에서는 어느 정도 예측이 가능한 것도 많다. 그런데 단점이 나왔을 때 기선을 제압할 거리를 잡았다는 식으로 대하면 안 된다. 단점을 용납하는 것은 쉬운 일이 아니지만, 그것을 어느 방향에서 이해하며 대처하는지는 매우 중요하다.

자기 자신도 무결점 인간이 아닌 바에는 상대방도 충분히 단점을 지닐 가능성이 있으므로 사랑과 지지를 계속 보내면서 개선을 시도해야 한다. 그래야 바로잡힌다. 네거티브 전략으로는 더욱 어긋날 수밖에 없다.

하나님을 믿겠다며 관심을 보이는 사람은 두 종류다. 정말 믿을 사람은 어떤 이야기를 들어도 믿는 쪽으로 해석하고 가능성을 찾아간다. 그러나 마음속에 의심과 믿기 싫은 마음을 지닌 사람은 자꾸만 기독교와 교리의 맹점을 찾고, 교회 다니는 사람들의 비리나 부족함만 보려고 한다. 그러면서 하나님을 제대로 알지 못한 상태에서 떠나곤 하는데, 그런 사람은 원래부터 믿을 마음이 없었던 것으로, 단지 핑계가 필요했던 것이다.

말하자면, 내가 못 믿는 이유는 내 탓이 아니라 기독교의 단점 때문이며, 하나님이 모순되고 이해가 안 가기 때문이라고 정리해 버린다. 이런 사람들은 결단코 하나님을 쉽게 믿을 수 없는 이들이다. 그러나 그들이 구원받지 못하는 것은 그들의 생각처럼 하나님 탓이 아니고 자신들의 책임이다. 아담이 선악과를 먹고 나서 이브를 탓한 것은 변명이다. 아담 안에는 반역의 의도가 이미 자리잡고 있었고, 이브의 유혹으로 단지 그 방아쇠가 당겨진 것뿐이다.

배우자의 실수와 단점에 대처하기 위해 상대를 바꾸려는 노력도 필요하지만, 그것은 반드시 변함없는 믿음과 신뢰를 전제로 해야 한다.

그렇지 않으면, 노력은 오히려 더 큰 싸움과 반목의 길로 안내하는 역할을 할 것이다.

배우자에 대한 믿음이 있어야 한다. 가능하면 끝까지 믿어주면서, 실망스럽더라도 그 믿음을 버리지 말고 대처해야 한다. 그런 믿음과 지지 없이 상대를 바꾸려는 것은 자기 입맛에 맞는 사람으로 바꾸려는 것에 불과하기 때문에 긁어 부스럼이 되고, 신뢰 속에서 변화를 요구하는 것은 상대방이 더 나은 한 사람의 인간으로 성장하기를 바라는 것이므로 배우자도 자연스럽게 그 뜻을 이해하고 협조적으로 나오게 된다.

결혼 후 상대가 예상치 못한 모습을 보이게 될 때 당황해선 안 된다. 속았다든지, 절망이라든지, 내 인생 끝났다든지…. 심지어 다른 삶까지 생각하는 이들도 있겠지만 그것은 잘못된 생각이다. 그렇게 생각한다면 처음부터 결혼에 대한 책임이나 진지함이 모자랐던 것이다.

그러므로 단점에 대한 질책보다는 자신을 돌아보고 부족한 사람도 신뢰하면서 고쳐나가는 것이 먼 행복을 위해 바람직한 일이 될 것이다. '단점'이라는 이름의 외투를 벗기는 것은 세찬 바람이 아니라 따스한 햇볕임을 잊지 말라.

이혼과 늦은 이혼

여전히 이혼하는 사람들이 많다. 주목할 만한 것은 늦은 황혼의 이혼이다. 과거에는 결혼 초반과 중년만 잘 넘기면 싫어도 포기하고 살기 때문에 이혼까지 하는 사람이 많지 않았는데, 지금은 노년 이혼이 과거에 비해 현저히 늘고 있다고 한다. 과거 같으면, 자식들 시집 장가만 보내면 헤어진다고 말은 해도 실천까지는 못했는데 지금은 사람들이 그것을 조금씩이나마 실천하고 있는 듯한 느낌이다.

늦은 이혼의 대부분은 여성의 희망사항에서 시작된다. 나이가 들면 여성들은 혼자도 잘 사는데, 젊어서 밖으로 돌던 남자는 여자만 졸졸 따라다니고, 끼니마다 밥 챙겨줘야 할 대상이 되어버리니 대세가 여성 쪽으로 기울어 남자들이 독선적으로 살아온 과거의 역습을 당하는 사례가 적지 않다고 한다.

삼시세끼를 따박따박 집에서 먹는 남편을 '삼식이'라고 한다. 떼어내려 해도 떨어지지 않는 늙은 남편을 '젖은 낙엽'이라고 하는데, 비 온 뒤에 떨어진 낙엽은 바닥에 들러붙어 아무리 쓸어도 꼼짝 않기 때문이라나? 또 이사를 가는 날에는 남편이 온데간데없이 자취를 감추는데, 이삿짐 차량 조수석에 일찌감치 가서 앉아 있기 때문이라고 한다. 자신을 버리고 이사를 가 버릴까 봐….

이런 조크의 진원지는 일본이라고도 한다. 일본은 우리와 민족적 기질이 다르긴 하지만 우리 사회가 겪는 경제 상황은 물론 다양한 병리학적 현상을 미리 앞서 겪는 나라임은 분명하다. 그래서 일본의 사회 현상을 10-20년 후에 우리 사회가 겪는 일도 많다고 한다.

솔직히 평생 밥해준 남편을 늙어서까지 매번 챙겨주느라 꼼짝도 못하는 상황이 되면 얼마나 싫을지 알 것 같다. 아무리 좋은 사람도 귀찮을 텐데 평생 자신을 구박한 사람이 나이 들어 안 하던 잔소리는 늘고, 하는 일마다 밉상이라면…. 게다가 여자도 이제는 생활할 능력이 충분하고, 운전도 할 줄 알고, 세상에 재미있는 일들이 수두룩하다면, 애 하나 돌보는 품이 드는 남편이야말로 비로소 얻은 자유에 큰 걸림돌이 아닐 수 없다. 물론 남자가 매번 아내에게 밥을 달라진 않겠지만 여성들은 자신만 바라보는 남자가 있다는 자체에 심적 부담을 많이 느끼는 모양이다.

약 20년 전, 우리 아버지의 장례식 때였다. 암 발병 후 한 달 반 만에 59세로 돌아가신 아버지에 대한 어머니의 슬픔은 무척 큰 것이었고 눈물도 오래갔다. 아버지는 어머니에 대해 늘 신사적이었고 큰 배려를 할 줄 아는 좋은 남편이었기 때문이다.

그런데도 어머니는 위로하러 온 친척 언니에게 이런저런 이야기를 하시면서, 아버지와 5살 차이였으니 아직 좀 이르긴 하지만 여자는 늙어서 혼자되면 편한 거고 남들은 부러워하기도 한다며 너무 걱정 말라고

하셨다. 그때 어머니가 아는 분 이야기를 했는데, 늙은 남편이 죽자 사람들 앞에서는 곡을 했지만 아무도 없는 방에 있는 가장 친한 친구에게 오더니 기쁨을 감추지 못하며 자랑하듯이, "야! 나 과부다!! 나 이제 과부야!!" 하더라는 것이다. 일생에 이런 행운이 찾아올 줄이야…. 로또가 따로 없다.

어머니는 그런 이야기로 위로하러 온 분을 오히려 위로한 것이지만, 살 만큼 산 남편과의 이별은 몇 가지 아쉬운 것만 빼면 여성의 삶의 질이 더 나아지는 기회(?)일 수도 있다. 여성들이 힘들다는 이유로 남편을 떼어버리는 것과는 다른 이야기이다.

2

그런데 황혼 이혼을 긍정적으로 바라보는 시선이 급속히 퍼지고 있다. 젊어서는 남자의 그늘이 필요할 때가 많다. 여자 혼자 살면 남들이 우습게보고, 각종 대소사도 혼자 해내려면 서럽고 어렵다. 그러나 지금은 돈만 어느 정도 있으면 된다. 이혼을 해도 그 정도 돈은 위자료와 국가에서 나오는 연금·보조금 등으로 충당할 수 있고, 자식들이 남편의 역할을 어느 정도 해줄 수 있다면 얼마든지 살 수 있다.

대개 이혼하면 자식들은 일생 고집불통 또는 소통 부재로 이 사태를 만든 아버지를 원수로 알거나 이혼의 원흉으로 여기기 때문에 거의 엄마 편이다. 그래서 이혼하는 황혼 남성들이 더욱 절망하는 이유는, 아내만 잃는 것이 아니라 온 가족을 잃기 때문이라고 한다.

자식들은 상대적 약자이면서 더 오래 시간을 보낸 엄마 편에 서기 마련이다. 아빠가 고생한 것을 알지만 돈이 다가 아닌데 늘 일에 빠져서 얼굴도 보기 어려웠고 힘들 때 옆에 있어 주지 않았다는 생각을 할 수도 있다. 또 폭언과 폭력도 있었을 수 있다. 특히 엄마의 마음을 아프게 한 것은 용서가 안 된다. 아내에게 어려서부터 밀착된 자녀가 있다면 남편은 더더욱 필요가 없어진다.

이혼 결정에 있어서 중요한 것은 주변 이야기이다. 황혼 이혼 문제에 관한 뉴스만 봐도 그것을 남들도 많이 하는 것으로 이해하면서 이혼에 관대해지기도 한다. 자식이나 친구나 상담자들은 이혼을 얼마든지 가능한 하나의 결정으로, 현실의 괴로움을 타개하는 한 방편으로 추천하기 쉽다. 그러면 당사자의 죄책감이나 사회적 부끄러움이 줄어들어 이혼은 훨씬 쉬워진다.

그러나 부부는 한 몸이다. 어떤 어려움이 있어도 이혼만은 피해야 한다. 크리스천도 이혼을 할 수 있겠지만 하나님이 기뻐하시지 않는 일이다. 지금도 교회에서 최소한 이혼을 권하거나 상담하지는 않는다. 그러므로 누구와 만나고 영향을 받는지는 건강한 삶을 위해 무척 중요하다.

삶은 여기서 끝이 아니다. 이제 60대는 노년이 아닌 '신중년'이라고 할 정도로 수명이 늘었다지만, 그것은 저물기 시작하는 삶에 대한 위안임을 누구나 알 것이다. 힘들게 버텨 온 삶을 모르고 무작정 같이 살라고 아무도 함부로 권유할 수는 없겠지만 한 번 더 생각해 보라고 말할 수는 있다. 사실 인생은 한 번 더 생각하기의 연속 아닌가. 그리고 일을 저지를 때보다 한 번 더 생각할 때 조금 더 나은 결과를 얻기도 한다.

남성들은 현실을 직시할 필요가 있다. 젊어서는 풍족하게 벌어주지 못하는 것 때문에 죽도록 뛰었는데, 늙고 나니 '돈이면 다냐' 하면서 상대적으로 소홀했던 가족에 대한 마음과 자세를 지적받아 억울할 수 있지만 그것도 다 이유가 있는 것이다. 가족들의 불만에는 언제나 이유가 있다.

그럼에도 불구하고 자식들이 부모의 이혼을 부추기는 것은 빚만 취하고 그림자는 떼어버리겠다는 것과 마찬가지다. 남자가 노년이 되면 여자에 비해 짐이 되는 것이 사실이지만, 물건이 사라져도 아직 할부금이 남을 수 있듯이 사람을 감당하는 일은 두부 자르듯 단순하지 않고, 이별 뒤에는 늘 많은 빚을 남기는 법이다.

이혼은 언제 해도 짐이 되는 일이다. 배우자였던 사람이 누구였든지 그것은 자기 선택이었다. 아무리 잘못된 선택이었어도 그것은 결혼하는 순간 정답이 된다. 하나님은 두 사람이 얼마나 잘 어울리는지, 얼마나 사랑했는지, 어떤 약속이 있었고 그것이 얼마나 지켜졌는지는 관심이 없으시다. 그것은 사람들이 보는 방법이다. 각자 결혼을 소홀히 여기고 역할을 다하지 못한 부분은 반드시 판단하시겠지만 그보다 중히 보시는 것이 있다는 뜻이다.

"그런즉 그들이 더 이상 둘이 아니요, 한 육체이니 그러므로 하나님께

서 짝지어 주신 것을 사람이 나누지 못할지니라." ^{마 19:6}

결혼을 서약하는 순간 하나님은 그 둘을 법적 관계, 혼인신고보다 훨씬 엄중한 계약 관계로 보신다. 하나님의 기준이 그리 간단히 해제된다면 우리의 구원이나 천국이나 말씀에 대한 약속들은 보장받지 못하는 보험금이 되고 말 것이다. 배우자의 폭력과 일탈 등 이혼 사유가 충분한 일도 있고, 개인의 자유를 비난할 수 없으며, 누구도 장담할 수 없는 문제지만 원칙이 그렇다. 그토록 중요한 문제인 만큼 심적 부담은 죽을 때까지 자신의 짐이 될 거라는 뜻이다.

이혼에 대해 사람들은 말한다. 아주 조금밖에 안 살았으니 거의 미혼이나 다름없다든지, 할 만큼 했고 자식들도 다 컸으니 흉이 되지 않는다든지 하면서 이혼을 감행하는 자격의 등급을 매긴다. 그러나 이혼은 언제 해도 똑같다. 최소한 크리스천은 더욱 그렇게 생각해야 한다. 그리고 주변의 이혼을 부추기는 사람이 되어서는 안 된다. 고통을 외면하라는 것이 아니라 다른 방법부터 찾아야 한다는 것이다.

이혼은 도미노처럼 다른 불행과 다른 이들의 파경에 영향을 미치고 모든 종류의 관계 단절과 분열로 연결된다. '늦은 이혼'은 말 그대로 이미 늦은 것일지 모른다. 이혼이 절실한 사람이라도 내일로 미루고, 또 내일로 미루고…, 한 번 더, 그리고 또 한 번 더 신중하게 생각하며 하늘을 소망하는 것이 옳지 않을까? 결혼이 지옥이나 무덤이 된 이들의 고통을 잘 알면서도, 감히 그렇게 생각해 본다.

남자에게 대책 없는 고민을 말하지 말라

1

　얼마나 과학적인 것인지는 몰라도 남자와 여자는 말을 하는 목적이 다르다고 한다. 똑같이 '배고프다.' 해도 남자는 그냥 배고픈 것이고, 여자는 다른 언어가 그 말 안에 들어 있다는 것이다. 지나가는 여자를 보고 '예쁘다.' 해도 남자는 그냥 예쁘다는 것이지만, 여자는 또 다른 의미와 자기 남자를 향한 테스트 문항을 그 말 속에 담는다고 하지 않는가.

　남자와는 달리 여자는 불만이 있을 때 일단 말을 쏟아낸다. 꼭 뭔가 개선하고 실천하기 위해 말을 하는 게 아니라 불만의 표출이고 투정이며 자기 마음을 알아 달라는 표시라고 한다. 그런데 남자는 그 말을 자기 뇌의 메커니즘으로 듣기 때문에 곧이곧대로 듣는다. 그래서 아내나 여자친구가 불만을 말하면 일단 들어주고 공감해주기보다 대책에 골몰한다.

　아내가 자기 삶을 한탄하며 투정을 부릴 때는 무언가 해결해 달라는 의미도 있겠지만 대부분은 일단 답답하다는 뜻으로, 그 답답함을 알아달라는 것이며, 자기 하소연을 진심으로 들어주길 원한다는 의미다. 하지만 남자는 그녀가 불평하는 코딱지만 한 집의 평수 개선부터 가정적으로 변신해 늘 일찍 퇴근하는 일의 실천, 심지어는 다른 삶을 잘 살 수 있도록 내가 양보(?)해 줘야 하나… 하는 머나먼 가능성까지 생각한 다. 아무튼 말이 나왔는데 근본적인 해결을 못해주는 남자는 무능한 사람이라는 생각이 강하다.

또 다른 예로 여자가 직장에서 동료나 상사와 분쟁이 생겨 투덜거리 면 자기가 다른 곳에 취직을 시켜 주든지 직접 나서서 그 얄미운 사람 을 혼내주든지 따지든지 하는, 아주 현실적인 해결 방안을 떠올린다. 그게 그냥 하는 말이라는 생각은 잘 하지 못한다.

그냥 하는 말이라고? 어떻게 그냥 하는 말로 사람에게 이토록 큰 숙 제를 안겨줄 수 있단 말인가!

그런데 여자는 말로 상당 부분을 풀고 홀가분해진다. 남자가 마음에 담아 두었다가 나중에 그 직장 사람들을 욕하기라도 하면, 아내는 이 미 다 풀고 전보다 더 사이가 좋아져서 남편을 오버하는 사람으로 생 각하며 눈을 흘기기도 한다. 이쯤 되면 남자는 정말 어느 장단에 춤을 출지 모르는 상황이 된다.

또한 남자는 이미 지난 일, 엎질러진 물에 대해 자꾸 말하면 이 역시 돌이킬 수 없기 때문에 큰 괴로움을 느낀다. 진짜 문제는 여자의 말을 진짜 '그냥 하는 말'로 여기고 설렁설렁 넘어가면 큰코다친다는 것이다. 이것이 남자의 수렁이다.

남녀간의 대화에 있어서 남자는 언제나 약자이고 을이다. 천하의 달 변가도 아내는 말로 못 이길 것이다. 대화를 시작하면 늘 국정조사 청

문회의 주눅든 증인이 되곤 하는 남자. 위증하면 큰일나고, 제대로 말해도 의심의 레이저를 맞는 것이 남자다. 이상하게 약간이라도 대립되는 대화를 시작하면 여자는 늘 단단한 창이 되고, 남자는 늘 부실한 방패로 막기 바쁘다. 분명히 이겨도 시원찮은 경기인데 결국은 패자로 남는 남자. 최악의 불리함에서라도 여자가 울면 게임 끝이다.

2

프로복싱으로 치면 남자는 무기력한 챔피언이다. 챔피언이라고는 하지만 도전자는 늘 기세등등하다. 그냥 챔피언 벨트만 고수해서는 안 된다. 때때로 의무방어전과 지명방어전을 치러야 한다. 그리고 막상 말싸움의 링에 오르면 제대로 싸워 보지도 못하고 KO 당한 몸 위로 "살려는 드릴게." 하며, 그래도 가장이니 챔피언 벨트만 다시 돌려주는 사이클이 반복된다고 할까.

하다 하다 말로는 안 돼서 주먹이 나가는 남자도 간혹 있는데, 이것은 타이틀 영구 반납에 해당하며, 회생 불가능의 패배이자 출전 자격 정지를 스스로 선언하는 일이다.

그래서 심각한 대화를 할 때면, 가련한 남자는 실언이라도 해서 향후 불리한 위치에 서지 않을까 두려워하며 아내의 질문이 답정너의 물음인지 소신 발언이 가능한 사안인지 고민하느라 순간순간 눈치작전이다.

심지어 어떤 대답을 해도 마음만 먹으면 그 대답을 무력화하고 꼬투리를 잡을 수 있는 존재가 여자다. 한마디로 여자에게 말로 이기려는 생각 자체가 화를 불러 오는 것이다. 하나님은 남자에게 힘을, 여자에게 말을 주신 것 같다. 힘도 말도 남자가 더 세다면 여자는 어떻게 살겠는가? 역시 공의의 하나님이시다.

3

　말다툼의 강자인 여성들에게 당부하고 싶다. 남자에게 고민을 말할 때는 진짜 고민, 실제적인 고민 위주로 해 달라고 말이다.

　부에 대한 막연한 동경이나 돌파구가 없는 물질적 부족을 말하면 남자는 당장 그것을 해결해 줄 수 없기 때문에 심각한 자괴감에 빠진다. 장기를 팔아서라도 그것을 채워주고 싶은 것이 남자다. 그러나 말이 그렇지 실행할 수는 없으니 그저 열심히 뛰든지 복권을 사든지 그냥 모른 척한다. 되지 않을 일은 호기를 부릴지언정 약속은 할 수 없기 때문에 잠자코 있는 경우, 여자들은 아예 개선할 의지가 없는 남자로 판단하는데 그래서는 안 된다.

　여성들은, 꼭 그것을 해내라는 것보다 남자가 자기 답답함을 이해하고 자기를 팔아서라도 해주고 싶은 마음을 말해주면 그것으로 족하다고도 말한다. 그런데 어쩌는가, 뇌 구조상 그런 자세는 사탕발림에 공수표만 날리는 꼴로 여겨져 다시금 실질적인 개선에 골몰하는 것이 남자인 것을….

　남자는 존경받고 인정받고 칭찬받지 못하면 존재감을 느끼지 못한다. 때문에 자기 여자를 행복하게 해줄 수 없다는 무능함은 남자에게 치명적인 괴로움이 된다. 그래서 자신이 해결하지 못하는 부분에 대해 여자의 성토를 받는 순간은 총알이 빗발치는 전장에서처럼 어찌할 바 모르는 스트레스를 느낀다.

아무리 여자의 말은 잘 들어주는 것이 절반의 해결이라고 외우고 또 외워도 막상 그때가 되면 또다시 남자는 구체적인 대안을 제공하지 못 하는 자신에 대한 한탄으로 복잡한 찻길을 반밖에 건너지 못한 아이 와 같은 심정이 되곤 한다. 이런 아이를 재촉하면 큰 사고가 난다. 여성 들은 남자의 특성과 구조를 잘 이해하고 그들을 막다른 길로 몰아세 우지 말아야 한다.

4

남자의 구조적인 문제와 함께 사회적 분위기도 한몫을 한다. 자본주 의 사회에서는 돈 잘 버는 사람이 왕이다. 또한 전쟁과 테러와 각종 범 죄로 불안과 공포가 팽배한 세상에서는 힘센 히어로 캐릭터가 대접받 는다. 이런 상황에서 돈도 시원하게 못 벌고, 어느 드라마의 멘트처럼 '쓸 줄 아는 근육이라고는 괄약근뿐인' 약한 남자… 아니, 사랑하는 여 자의 사소한(?) 투정도 얼른 해결해주지 못하는 남자라면 빵점짜리가 아닌가 하는 못난 생각에까지 미치는 것이 남자이다.

그런 생각은 두 방향으로 반응한다. 자신이 다운되었을 때는 의기소 침과 자괴감으로, 컨디션이 오를 때는 분노와 될 대로 되라는 어깃장으 로 나타난다. 두 경우 모두 남자는 심각한 스트레스 상태에 놓인다. 그러므로 남자에게는 막연한 요구나 이룰 수 없는 일이 아닌 구체적인 불만과 개선방안을 요구하는 것이 좋다.

남자와 여자는 확연히 다르다. 어떤 말을 할 때 남자들은 그 말을 단순하게 듣는다. 그리고 해결할 수 없는 것이나 능력 밖의 일을 요구하면 극도의 스트레스에 시달린다. 그 스트레스는 대화하는 순간으로만 끝나지 않고 삶과 생활로 이어진다.

여성들이여, 칭찬과 격려만이 남자를 살리는 것은 아니다. 남자는 내버려 두면 힘을 얻고 속을 차리는 존재이다. 그러니 부디 잊지 말라. 불만에 찬 여자의 속사포 랩은 벼랑에 선 남자를 뒷걸음치게 만드는 보이지 않는 총탄임을.

남자에게 고민을 말하는 법

앞의 '남자에게 대책 없는 고민을 말하지 말라.'라는 칼럼을 블로그에 썼을 때 많은 분들이 반응을 보내왔는데, '이래서 남편이 그랬었구나.' 하는 여성부터 실제로 직장 내 스트레스를 말했다가 남편이 일자리까지 구해 직장을 옮겨준 사례, 심지어 이런 의사소통 장애의 문제로 이혼까지 갔던 남성 독자의 넋두리까지 다양했다.

제목에는 고민을 말하지 말라고 했지만, 사실 어떻게 문젯거리를 남편이나 남자친구에게 말하지 않을 수 있겠는가. 다만 남자는 여자의 고민을 아주 현실적으로밖엔 이해하지 못한다는 점을 알면 좋다는 의미였다. 그렇다면 남자에게는 어떻게 고민을 말하고 대화를 시도해야 할까?

남자는 여자가 그저 공감해주면 만족할 거라고 생각하는데, 남편에게 '그랬구나' 화법을 가르친 신혼의 한 여성 독자는. 남편이 이후로 로봇처럼 '그랬구나', '힘들었구나'를 되풀이하면서 흔들리는 동공으로 자신의 눈치를 살피는 것을 보고 웃음이 나왔다고 한다. 아무튼 밖에서는 인정받는 샤프한 남자들도 자기 여자와의 대화에서는 곰처럼 답답하고 어눌한 존재가 된다.

다음은 남자의 입장에서 쓴 팁으로, 남편이나 남자친구에게 사적인 고민이나 불만, 혹은 상대방에게 여자로서의 불만을 말할 때 기억해 두었다가 실천하면 관계가 향상될 만한 내용들이다. 뒷번호로 갈수록 난이도는 높아지지만 효과는 더 나은 방법들이다.

1. 대인관계에 대한 불만은 수위와 강도를 조절하라

남자들은 여자가 고충과 불만을 말할 때 미지근한 반응을 보이는 것은 미덕이 아니라고 생각한다. 그래서 맞장구를 치며 같이 흥분한다. 실제로 사랑하는 여자를 누가 괴롭힌다면 화가 나는 것은 당연한 반응이다. 그래서 흥분하는 것까지는 좋은데, 실제로 액션을 취하면 털어놓은 입장이 곤란해질 수도 있다.

그래서 아내나 여자친구가 싫어하는 상대방을 만났을 때 티를 내거나 눈치를 줘서 여자가 곤란해질 수도 있고, 지나는 말로 꺼낸 고민에 남자가 계속 직장을 그만두라거나 자기가 나서겠다며 역으로 스트레스를 줄 수도 있다. 남자는 그것이 관심의 표명이라고 여기기 때문이다. 교회에서도 대립하는 여성들이 집에 가서 험담을 하는 바람에 남편들끼리 모일 때 새우 싸움에 고래 등 터지듯 괜히 어색한 경우도 있다.

그러므로 사람에 대한 불만을 과도하게 표출하지 말고, 그 사람에 대한 생각을 단편적으로 전달하지 않으며 전체적으로 전해야 한다. 잘못된 부분과 싫은 부분만 말하지 말고, '그런 불만이 있지만 나한테 잘할 때도 있는 사람이고, 그런 면만 빼면 좋은 사람이다, 내가 기회 봐서 한 번 이야기할 생각이다.' 등등 전반적인 생각을 전달해야 그 문제의 인물이 속속들이 악역은 아니라는 입체적 판단을 할 수 있다.

2. 남편(남친)에 대한 불만을 말할 때는 시기와 장소를 감안하라

여성들은 대개 불쾌한 그 시점을 잘 못 넘긴다. 그래서 문제가 생기면 바로 불만이 터져 나오는데, 특히 남자들이 퇴근해서 들어오는 데다 대고 퍼부으면 머릿속이 뒤엉켜 짜증밖에 나지 않는다. 남자는 일을 마치고 집에 오면 잠시 '홈 모드'로 뇌를 재시동할 시간이 필요하다. 아이들은 집에 오자마자 오늘 있었던 일을 잘도 말하는데 남편들은 웬만큼 기분 좋은 일이 있지 않고서는 그런 행동을 하기 어렵다. 특히 더 멍하니 TV만 쳐다보거나 입을 꽉 다물고 있으면 그날은 힘든 날이었다고 보면 된다.

농경사회에서 열심히 삽질을 했으나 손에 쥔 것 없는 아담에게 이브의 위로와 혼자만의 휴식이 필요한 것처럼 남자에게는 여백이 필요하다. 애 낳느라 고생하는데 옆에 있어 주지도 않고, 여자니까 당연한 것처럼 여기면 '평생 웬수' 되듯이, 남자가 일하는 것을 당연시하면 이 역시 원수가 되기 쉽다. 남자는 일, 여자는 해산의 고통을 형벌로 받았음을 잊지 말아야 한다.

그렇다고 남편들이 대단하게 알아달라는 것도 아니다. 퇴근한 사람을 잠시만 그대로 놔둬 주면 된다. 그러면 바깥일을 한쪽 폴더에 넣어 두고 아빠와 남편 모드로 전환이 된다. 물론 남자가 트랜스포머나 지킬 앤 하이드 같은 다중이라는 뜻은 아니다.

부부동반 모임이나 친구들과의 만남에서, 남자가 자기 여자에 대해 말실수를 했다면 여자들은 돌아오는 길에 바로 퍼부어대기 쉽다. 특히 운전할 때 옆자리에서나 전화로 열 받게 하면 안 된다. 조금 화가 나도 집에 가서 조용히 말하든지 덮어두었다가 다음 기회에 말하면 훨씬 수궁을 잘할 것이며, 참고 기다려 준 것에 대해 고마워할 것이다. 여러모로 비교되는 엄친아나 민폐 애처가가 끼어 있는 모임이 있는 날은 싸우는 날로 지정되는 경우가 꽤 많다.

아이들 앞에서 분노하고 지적하는 것도 기혼 남성들에게는 난감한 일이다. 그렇게 하면 인정할 것도 우기게 되고, 애들 앞에서의 체면 때문에 한층 목소리를 높여 방어할 수밖에 없다. 어르신들 앞에서도 마찬가지. 시댁에서의 남편은, 집에 가서 당하더라도 일단 호기를 부릴 수밖에 없기 때문에 이야기의 주제는 실종되고 감정싸움만 남는 일이 많다. 이런 때도 한 번 넘어가 주면 남자는 스스로 깨닫고 안다. 때와 장소를 잘 구분해서 불만을 전달하면 남자를 좋은 경청자로 만들 수 있다.

3. 원하는 것을 전달하고 할 일을 정해줘라

남자한테는 막연한 고민이 아니라 원하는 것을 말하면 좋다. 남자는 테스트를 받느니 차라리 '답정녀'의 질문을 원한다. 답이 확실한 기출 문제면 제일 고맙다. 여자의 추궁이나 선문답 같은 질문은 남자에게는 마치 러시안룰렛 게임과도 같은 복불복의 정답 찾기이다. 연발 권총에 총알을 하나만 장전하고 탄약통을 돌려 상대와 번갈아 머리에 쏘는 무시무시한 게임과 견줄 만한 스트레스로 머릿속은 하얗게 되고, 자기 말이 미치는 영향과 그다음의 수를 전혀 파악하지 못하게 된다.

흔들리는 남자를 위해 답을 눈치로 알려주거나 최소한 객관식으로 제시하면 좋다. 예를 들어 시집 잘가서 맨날 잘난 척하는 친구 때문에 짜증난다면, 나는 왜 이 모양 이 꼴이냐고 한탄하기보다, 그래도 내가 훨씬 예쁘고 생각 있게 사는 개념녀라는 사실에 동의하라고 주문하거나, 내 속상함을 이해해 보라고 시키거나, 차라리 자존감을 높여줄 무언가 현물을 내놓으라는 식의 방법이 좋다는 것이다.

남자는 여자가 속상한 정도와 방향성을 모르면 다 자기가 부족해서 생긴 일이라고 자학하거나 여자가 자신을 향해 원망의 눈길을 보내고 있다고 판단해 자괴감을 느끼기 쉽다는 점을 고려해야 한다.

4. 고민을 말하지 말라

이 방법은 난이도가 최상일 테지만 효과도 최고이다. 사람이 살면서 여러 가지 고통이 있고 힘이 든다는 것은 누구나 안다. 여성들도 남자가 아무 말 안 해도 어깨에 큰 짐을 지고 산다는 것을 알듯이 남자도 잘 알고 있다. 그런데 최대한 자제하고 침묵하면 먼저 관심을 갖고 알아줄 것이다.

반대로 생각해 보라. 촐랑대는 남자들은 여자가 뭔가 해주려고 해도 그새를 참지 못하고 자기 속을 홀딱 드러내고 '죽겠다', '살겠다' 하며 엄살을 잘 부린다. 뭘 해주려다가도 뺏고 싶게 만든다. 그래서 구미호랑 결혼한 남자도, 고걸 못 참고 (아내가 여우인 줄도 모르고) 그녀가 인간이 되기 전, 천 일의 마지막 날 비밀을 불었다가 꼬리 아홉인 마누라의 분노를 사고 혼쭐이 나는 것도 모자라 자식까지 빼앗긴 것 아닌가. 남자는 그런 존재다. 이 원리가 여자도 마찬가지라는 거다. 남자를 대할 때 한 템포 기다려주면 더 좋은 결과가 있을 것이다. 무슨 일 있을 때마다 들들 볶으면, '필요하면 알아서 얘기하겠지' 싶어서 챙기지 않고 그냥 두게 된다. 물론 알아서 하면 점점 더 편한 것을 찾는 것이 남자이니 이따금씩 밀당 차원의 긴장은 필요하다.

그 밖에도 각기 터득할 수 있는 노하우는 각 남자의 성향에 따라 판단해야 한다. 이것은 감각이며 인간관계의 본능적 기술인데, 무슨 술수나 독심술이 아니라 남자의 구조를 이해하는 것이며, 여자가 희생하고 남성을 위하는 길이지만 여성들의 실리를 위해서도 중요하다.

남자를 알기 위해 오래 공부하거나 깊이 머리를 쓸 필요는 없다. 여자의 생각이 온몸을 푹 담그는 전신욕이라면 남자의 생각은 반신욕, 아니 족욕 수준이다. 발에 찰랑대는 물이면 충분하다. 여성들이 변장·위장 수준의 화장을 할 때 남자들은 스킨 로션이면 끝인 것과 마찬가지다. 여자들은 자기 기준에서 남자를 보지 말고, 생각을 캐주얼하게 가지길 바란다.

그럼에도 불구하고 이 모든 이야기는 '사랑'에 관한 이야기이다. 사랑하면 곰 같은 남자의 속마음도 들여다볼 수 있고, 그를 요리할 기술도 생긴다. 그런 따뜻한 사랑을 지닌 채, 대화 중 흔들리는 그 남자의 동공을 멈추게 할 수 있다면 당신은 최고의 요리사가 되어 남들보다 조금은 더 행복할 것이다. 그리고 남자는 늘 그런 사랑스러운 요리사에게 기꺼이 요리 당하고 싶어 한다는 것, 그 하나만 기억하시길.

마마보이와 효자의 경계

어떤 부부 이야기다. 누나만 하나 있고 외아들인 이 집 남편은 총각 때부터 약간 마마보이라는 소리를 좀 듣긴 했어도 그리 심한 모친의존형 인간은 아니었지만, 아내로부터 약 15년째 마마보이로 찍힌 상태다. 남편 입장에서는 좀 억울할 만하지만 아무튼 아내는 그렇게 생각한다는데, 이 집의 고부갈등이 간단치 않은 이유도 남편에 대한 아내의 서운함이 주요 원인으로 보인다.

얼마 전 그 댁 어머니가 빈혈 증세로 하루 입원해 검사를 받을 일이 있었는데, 아내가 병원에 가서 일박이일 동안 지키지는 못하겠다고 선언하는 바람에 아들 혼자 어머니의 병실을 밤새 지켰고, 아내는 다음날 아침 일찍 병원을 찾았다고 한다.

이런 상황에서 어머니 병환의 경중이 행동의 변수가 될 수 있는데, 아직 특정한 병의 진단을 받으신 것도 아니니 하루 저녁쯤 혼자 주무시면 아이 깨워 등교 시키고 바로 오면 되지 않느냐는 아내의 의견과, 그래도 어떻게 연로하신 어머니 혼자 주무시게 하느냐는 남편의 의견이 둘 다 일리는 있다. 어느 한쪽이 양보하면 되는 문제이다.

그런데 마마보이는 남자 혼자서 되는 것이 아니라 세 사람의 합작품이다.

우유부단한 남자는 단호한 아내와 기대하는 어머니 사이에서 이러지도 저러지도 못한 채 자기라도 병원에 가서 자고 출근하겠다고 한다. 아내는 뭘 그렇게까지 하느냐며 못마땅해 한다. 어머니는 또 혼자 왔느냐며, '바쁘고 피곤할 텐데…' 하시면서도 아들을 돌려보내지는 않는다. 남편은 중간에서 헤매는데, 어머니는 "네 마누라야, 나야?" 하시고, 아내는 "어머니야, 나야?" 하면서 둘 다 은연중 아들과 남편을 각각 주시하고 있다. 결단을 못한 죄로 그는 마마보이가 된다(물론 어머니는 공처가로 보심).

왜, 침묵으로 나름 중립을 지키는데 아내에게는 마마보이가 될까? 그것은 남자가 자기 위치를 이탈했다는 뜻이다. 자기 위치란 '아내의 곁'이다. 흔히 말하는 효자들과 마마보이 제조기인 엄마들이 좋아하는 레퍼토리가 이런 거다.

"아내는 또 얻을 수 있지만 어머니는 한 분뿐이다."

나도 어릴 때 이 말이 참으로 효자의 명언이라고 생각하기도 했다. 일리가 있는 말이기도 하다. 그러나 이 말은 성경적이지 않다. 남편의 자리는 아내 옆이다. 아내가 악처라면 저렇게 말할 수도 있지 않느냐고 할 수 있지만, 자기가 선택한 여자라면 악처인지 아닌지는 일단 중요하지 않다. 몸이 안 따라줘도 우선 하나님 앞에서 자기 자리를 알고 있어야 한다.

그렇다면 아내는 언제 남편을 마마보이로 찍을까?

아내에게는 남편이 병원에 가고 안 가고, 남편이 용돈을 얼마나 드리고, 어머니 이야기를 몇 번 하고 그런 단편적인 것은 심하지만 않다면 그리 중요하게 생각하지 않는다. 아내는 남편의 삶이, 그리고 남편의 관점이 어디에서 출발하고 어디에 초점을 두고 있는지를 본다. 나와 결혼한 남자가 어머니의 아들이면서 내 남편이기도 한 사람인지, 내 남편이면서 어머니의 아들이기도 한 것인지 보는 것이다.

먼저 어머니의 아들인 것은 시간의 순서상 당연한 것인데 굳이 먼저 아내의 남편이어야 하는가 생각할 수 있지만, 가정의 최소 단위는 부부이다. 어머니에게 소홀히 하라는 것이 아니며, 아내에게 주는 것보다 더 좋은 것을 드리면 안 된다는 게 아니다.

남편의 중심이 확고하면 자기가 나서서 어머니를 챙길 며느리도 꽤 있을 것이다. 말 한마디라도 아내의 편에서 하고, 삶의 기준점을 아내에게 맞추면서 어머니도 챙기면 아내도 그 마음을 알아준다. 알아주든 알아주지 않든 그것이 옳은 것이다. 결혼은 부모를 떠나 한 몸이 되는 것이기 때문에 하나님 앞에서 그들은 하나이다. 장가간 아들과 어머니는 하나가 아니다.

"이런 까닭에 남자가 자기 아버지와 어머니를 떠나 자기 아내와 결합하여 그들 둘이 한 육체가 될지니라." 엡 5:31

이것이 교회와 그리스도의 관계이며 신비라고 성경은 말씀한다. 제대로 자기 있던 곳을 '떠나' 그리스도와 연합하는 것이 구원이다. 그러므로 결혼의 원리는 떠남과 연합이다. 남자가 제대로 아버지와 어머니를 떠나는 것부터 결혼은 시작된다. 물론 이것을, 인연을 끊는다거나 부모에게 소홀히 해도 되는 것으로 오해할 사람은 없을 것이다.

어머니는 핏줄이기 때문에 팔이 저절로 안으로 굽는다. 누가 어머니를 욕하면 피가 솟구친다. 반면에 다투었거나 미운 아내는 저절로 정이 뚝뚝 떨어질 수 있다. 그래서 어머니보다 아내에게 의식적으로라도 더 애정을 쏟아야 한다.

부모를 떠나는 것이 순리이기 때문에 정확한 선을 긋고 살면 어머니도 미련을 버릴 수 있고 오히려 편하다. 며느리와의 관계도 개선된다. 제자리를 찾으면 무엇이든 편안해지는 것이다. 어머니의 역할은 어떤 의미에서 가장 중요할 수 있다. 어머니 역시 내 아들이기 전에 한 여자의 남편임을 인정할 때 비로소 며느리의 마음이 풀린다. 과거 자신의 시어머니를 생각해보면 이해가 갈 것이다.

마마보이를 방치하고 있는 세 사람이 알아 둘 것은, 남편과 아내는 무촌이지만 어머니와 아들은 1촌이라는 사실이다. 그러니까 최소한 이혼하기 전까지는 어머니보다 한 마디† 더 가까운 것이 아내다. 자식이 1촌이고, 형제가 2촌이며, 삼촌이 3촌이다. '한 마디'의 차이는 실로 엄청나다.

결론적으로 마마보이는, 미안하지만 아직 철이 약간 덜 든 사람이다. '마마맨'이라는 말은 없지 않은가? 그러니 세상의 모든 마마보이들이여, 어서 빨리 (효심이 깊고 지혜로운) '와이프 맨'으로 거듭날지어다!!

장모와 아내의 밀착된 관계가
남편과 가정에 미치는 영향

1

우리의 옛 속담 중에는 처갓집과 관련된 것들이 있다.

"처가와 뒷간은 멀수록 좋다."
화장실이 옥외에 멀리 있던 시절, 냄새나는 재래식 화장실은 되도록 멀수록 좋듯이 처가도 너무 가까우면 좋지 않다는 뜻이다.

"처삼촌 벌초하듯 한다."
무슨 일을 대충대충 무성의하게 할 때 쓰는 말이다. 내 삼촌도 묘지까지 돌보기는 무리인데, 아내의 삼촌은 피 한 방울 안 섞인 사람이니 산소를 돌보게 되면 하는 둥 마는 둥 해치운다는 뜻이다. 옛사람들이 처가와의 거리를 어떻게 인식했는지 보여 주는 속담이다.

"겉보리 서 말만 있어도 처가살이는 안 한다."
처가는 신세를 지거나 가까이 살 곳이 아니라는 것. 정말 최악의 상황이 되어야 처가살이를 한다는 뜻일 거다.

"사위는 백 년 손님이다."

딸과 함께 사는 사위는 백 년이 지나도 어렵고 신경 쓰이는 사람으로, 손님처럼 잘 대우해야 할 존재라는 뜻이다.

그런데 이런 속담들이 하나같이 옛말이 된 것 같다. 요즘은 일부러 처가살이하는 사람도 제법 있고, 더는 손님이 아니라 아들보다 더 살가운 사위도 있으며, 처가의 집사처럼 행동하는 이들도 많다. 처가가 요즘처럼 가까운 시대는 아마 없었을 것이다.

외가와 워낙 가깝다 보니 요즘은 아이들도 고모보다 이모를, 고종사촌보다 이종사촌을 훨씬 가까운 진짜 친척으로 인식한다고 한다. 가정 내에서 여성의 입김이 세지고 엄마와 다닐 일이 많다 보니 시누이보다는 자매와, 시어머니보다는 친정엄마와 어울리는 과정에서 더욱 친밀해진 것이 분명하다. 이런 느낌은 예나 지금이나 마찬가지인데도 그 밀착도는 과거와 현저히 다르다. 남편들도 시댁에 가면 늘 문제가 생기고 고부갈등으로 뒷감당에 골머리를 앓으니 좀 불편해도 차라리 처가를 가는 것이 편하다는 사람이 많다. 최소한 거기서는 아내 기분도 좋고, 자신도 웬만큼은 대우를 받을 수 있기 때문이다.

2

나는 15년째 빌라 연립주택에 사는데, 반지하 포함 5층 10세대 중 2층이다. 그런데 바로 위층 어르신 부부에게 딸 둘이 있어서 이틀이 멀다

하고 아이들을 데리고 와 저녁 내 먹고 마시다가 12시를 훌쩍 넘기고서 야 집에 간다. 주말이나 휴일이면 얼마 넓지도 않은 집에 다 모여서 어 디 나가지도 않는 것 같다. 그럴 때마다 주차 공간이 없어서 동네를 빙 빙 돌기가 일쑤다.

가장 심했던 때는 두 아이가 입시 공부를 하던 시기였다. 아무리 뛰어 도 우리 애들 어릴 때를 생각해 이해하고 특별히 문제를 삼지 않았다. 요즘은 층간 소음 갈등 시 천정을 같이 두들기는 것은 합법, 직접 찾아 가는 것은 불법이라는 판례가 나왔다고도 하는데, 그때 큰아이가 고3 때였다. 12시가 조금 넘었는데 너무 뛰어서 도저히 참기가 어려웠다. 시 끄러운 것보다도 집이 당장 무너질 것 같아 처음이자 마지막으로 위로 올라가 초인종을 눌렀다.

인상 좋은 그 집 사위가 문을 열어주며 인사를 한다. 거실에는 방금 시작한 야식 술상이 한가득 차려져 있었고, 둘째 딸이 어머니와 술잔을 기울이고 있었다. 애들은 여전히 방 안에서 뛰고.

"죄송한데요… 아이들 통제 안 되는 건 제가 잘 압니다. 근데 지금 열 두 시가 넘었어요."

그러자 사위가 연신 머리를 조아리며 사과를 했다. 그 집 딸은 눈인 사도 않고, 젓가락질을 멈추지 않으면서 남의 일 보듯 했다. 아주머니 는 혼잣말처럼 "시끄러워서 왔네. 애들 땜에." 이러면서 재미없는 드라 마 보듯 사위의 마무리를 기다렸다. 말해도 소용없다는 걸 알고 바로 내려왔다.

그런데 올라간 용건보다도 궁금한 게 생겼다. 대체 그 사위는 본가에는 언제 갈까? 친부모님이 안 계신가? 거의 모든 주말과 휴일에 어김없이 처가에 오는 그들의 사는 법이 신기할 정도였다. 하지만 요즘에 그런 집은 의외로 많은 것 같다. 오죽하면 세태를 풍자하는 말 중에 '아들을 장가 보내면 사돈이 된다.'는 말이 있을까. 처가에 좀 자주 간다고 큰일 나는 것은 아니다. 여기서 문제는 딸과 엄마의 밀착 관계이다. 장인과 사위는 결코 그 모임의 주인공이 아니었다.

3

밀착된 아내와 장모 사이에서는, 부부간의 다툼과 이견이 모두 장모에게 보고된다. 또한 아내로부터 항변을 듣는다면, 그것은 아내만의 의견이 아니고 장모의 불만이기도 할 것이다. 그런 환경에 처한 남편은 아내에게만 인정받는 것으로는 좋은 남편이 될 수 없다.

이 문제는 마마보이와 비슷한 의존적 '마마걸'의 문제다. 딸을 결혼시키면 큰 고생을 시키는 거라고 여기면서 끝까지 내가 돌봐줄 부분이 많다고 생각하는 엄마, 내가 없으면 딸이 제대로 살기 어렵다고 착각하는 엄마들의 작품이다.

그런 엄마들은 딸이 결혼생활에서 닥친 문제들로 조금이라도 속상해하면 견디지를 못한다. 그래서 옛날 드라마에 나오는 대사처럼 "너는 죽어도 그 집 귀신이다."라며 참고 살라고 되돌려 보내기는커녕 "뭐야? 감히 내 딸을?" 하면서 감싸고, 그때부터 사위로부터 지키는 보디가드 역할을 자처한다. 그리고 처음부터 밑지는 결혼이었다면서 차라리 이혼하기를 은근히 기대한다. 주위에서 이런 사람들을 한둘 본 게 아니다.

한 정신과 의사가 쓴 책을 보니, 아내를 사랑하지만 장모와의 밀착 관계를 극복하지 못해 결국 이혼을 선택하게 된 한 남성의 사례가 등장한다. 아내를 장모에게서 독립시키고 좀 더 관계를 회복하도록 노력해 볼 수는 없었느냐는 의사의 말에 대답한 그 남성의 넋두리가 절망적이다.

"장모님과 아내는 한 몸이라 제가 어떻게 해볼 도리가 없습니다."

비집고 들어갈 여지가 없는 관계. 알 수 없는 여자의 마음을, 한 사람 감당하기도 힘든데 한 몸처럼 움직이는 두 여자를 어떻게 하라는 말인가. 마치 끈끈한 영적·경제적 공동체인 최순실과 박근혜를 가족과 그 누구도 파국에 이르기 전까지 떼어놓지 못한 것과 비슷한 느낌이랄까.

이런 관계는 남편의 역할을 대폭 축소시킨다. 장모가 이미 돌아가셨거나 멀리 살면 힘들어도 두 사람이 해결할 일인데, 매번 결정과 실행에 도움을 받으니 친정엄마가 절반은 남편의 역할을 하는 것이다. 마마보이의 엄마가 아내 역할까지 해주는 것과 비슷하다.

한편 마마보이는 아내가 잘 용납하지 않지만 마마걸은 남편 입장에서 오히려 편하게 생각할 부분이 있다. 하지만 매사에 장모의 뜻대로 일이 결정되면 잡음이 없고 편해서 방치하다가 아내와 장모의 관계를 더 견고하게 만드는 결과를 낳을 수도 있다.

딸의 가족과 친정 부모의 가족은 두 가족이지 한 가족이 아니다. 결혼은 장가 '가고' 시집 '가는' 것이지, 부모의 언저리를 계속 맴도는 삶이 아니다. 그리고 결혼하고 나면 부부가 한 몸이지 엄마와 딸이 한 몸은 아니다. 영혼의 독립성을 추구하지 않으면 참다운 자아를 발견하지 못한다. 의존적 신앙으로는 하나님을 만날 수 없고, 부모가 자기 믿음으로 자식을 천국에 데려가 줄 수 없다. 그와 같이 딸의 가정도 엄마가 어떻게 할 수가 없고, 손을 댈수록 흐트러지기가 쉽다.

　여성의 위상이 올라가면서 앞으로 이 문제는 더욱 심해질 수 있고, 관련된 문제로 고민하는 가정도 점점 많아질 것이다. 결혼을 하려는 사람들은 자신들만의 가정에 주어진 독립성을 성숙하게 세워나가야 한다. 남편은 장인 장모를 공경하되 가장으로서 행동하고, 아내도 엄마와 친밀하되 남편보다 더 많은 일을 공유하는 것은 조심해야 한다. 딸은 엄마를, 엄마는 딸을 놓아주어야 한다.

　친정엄마와 딸이 찰떡궁합을 자랑하면 남편도 아내도 당장은 편할지 모른다. 하지만 장기적으로 많은 문제를 초래하게 될 것이다. 때와 환경과 관계에 맞는 질서, 순리를 거스른 대가이다.

"처갓집과 뒷간은 멀수록 좋다."
옛말 그른 것 없다는 얘기는 이런 때 쓰는 말 같다.

혈액형과 사랑은 관계가 있을까?

1

혈액형에 따른 성격이나 기질의 차이는 의학적인 근거가 없지만 많은 사람들이 믿고 있고, 재미로나마 사랑하는 사람과 궁합까지 본다. 혈액형에 따른 성격의 차이를 소재로 웹툰과 코미디가 만들어지기도 하고, 예전에는 「B형 남자친구」[2005] 같은 영화까지 나왔다.

혈액형만으로 어떤 사람에 대해 쉽게 판단하는 일도 많다. 대개 A형은 내성적이며 소심하고, O형은 활발하며 사교성이 있고, AB형은 바보 아니면 천재, B형은 이기적이고 괴팍함… 등으로 알고 있는데, 묘하게 일리가 있어 보일 때도 있다.

특히 A형은 소심하고 낯을 가리며 빨리 친해지기 어렵지만 일단 친해지면 말이 너무 많아지는 등 정말 그런 것처럼 느껴지기도 한다. 그래서 A형도 모자라 '소문자 a형'이나 더블 A^{AA}와 트리플 A^{AAA}형도 있다고 하는데, 주변에 보면 '골뱅이 속에 배배꼬인 소문자 필기체 @형'도 있는 것 같다.

그러나 이 모두가 사람의 선입견이 어떤지 보여 주는 실례이며 어떤 타입의 특징만을 가지고 있는 사람이란 없다. 나와 상대방의 혈액형에 대한 정보로는 어떤 사랑의 성향이나 관계도 점치거나 제대로 파악할 수가 없다는 것이다.

요즘은 출생 때부터 혈액형을 알려주지만 내가 어릴 때만 해도 초등학교 1학년 때 손가락 피를 찔끔 뽑아 (무슨 검사를 했는지는 몰라도) 혈액형을 통보해 줬었다. 그때 나는 A형이 나왔는데 형과 누나는 O형이었다. 나에 비해 두 사람은 활달하고 친구를 잘 사귀는 등 정말 전형적인 O형이라고 모두들 입을 모았다.

그런데 누나가 첫 아이를 낳을 때 산모의 혈액형이 다시 나왔는데, 놀랍게도 A형이었다. 이런 해프닝이 혈액형에 대한 오해의 단면이다. 아마도 평생 자기 혈액형을 잘못 알고 사는 이들도 있을 것이다.

2

혈액형은 일본과 한국 정도만 따지는 일이다. 서양 사람들은 자기 혈액형이 뭔지도 모르는 경우가 대부분이며 궁금해 하지도 않는다. 그들은 병에 걸리면 치료 과정에서 알게 되거나 간혹 어릴 때 학교에서 과학 실험을 하는 과정에서 알게 되는 경우가 있을 뿐이라고 한다. 확인차 국내 대학에서 랭귀지 코스를 하다가 본국으로 돌아간 티나라는 미국인 친구에게 물었더니 자기도 혈액형을 모른다면서, 하여간 이 질문을 진짜 여러 번 받았는데 모두 한국과 일본 친구들이었다고 했다.

역사가 짧은 미국과 같은 다문화·다민족 사회는 혼혈이 많은 것은 물론 혈족에 대한 집착이 덜하고, 민족이 아닌 국가주의를 지향하기 때문에 더욱 그럴 것이다. 반면에 우리나라는 대대로 핏줄에 대한 집착이 심하다 보니 혈액형에까지 관심이 많고 자꾸 연관시켜 생각하는 경향이 있는 것 같다.

그러나 이것 때문에 어려서부터 비공개로 자란 입양아가 모르는 게 약인 출생의 비밀을 알고서 큰 충격을 받는 부작용도 생기고, 잘못 파악된 혈액형 때문에 멀쩡히 자기 자식을 낳은 아내를 심각하게 의심하는 일까지 벌어진다.

혈액형을 성격과 연결하는 것은, 원래 더 사악한 인종차별적 의도를 지닌 우생학優生學, eugenics에서 비롯되었다. 찰스 다윈C. Darwin의 사촌인 프랜시스 골턴갤튼, F. Galton이 주창한 우생학은 인종별로 우성과 열성이 존재하므로 품종개량 하듯이 사람도 우수한 종족으로 개선해 나가기 위해 열등한 사람들을 제거해야 한다는 명분을 제공하는 이론이다. 19세기 후반과 20세기 중반에 맹위를 떨치고, 심지어 지금까지도 이 개념은 남아 있다.

이것은 멘델의 유전법칙에 의해 오류로 드러났지만, 진화론과는 떼려야 뗄 수 없는 이론이기 때문에 진화론이 사라지지 않는 한 그 망령은 없어지지 않을 것이다.

이 무지해서 무자비한 이론은 열등한 장애인이나 신생아 등은 감별해서 죽이거나 결혼을 금지시키고, 이민도 금지하는 등 상상을 초월하는 법의 근거가 되기도 했다. 그런 차원에서 혈액형으로 우성과 열성을 파악할 수 있다는 이론이 독일에서 나오고, 그것이 1916년 독일 유학생 출신의 일본인 의사를 통해 주장된다. 그 과정에서 조금 약한 개념인

'성격의 차이'로 순화된 것이다.

이 혈액형과 성격의 상관관계는 일본에서 1920년대에 불과 300여 명을 조사한 결과로 한 심리학자에 의해 주장되었다. 그후 한동안 잦아들었지만 1970년대에 한 방송작가에 의해 책으로 나오면서 다시 주목받게 되었고, 80년대에는 그녀의 아들이 다시 돈벌이에 이용했다고 한다.

혈액형에 대한 분석은 워낙 엉터리라서 시대에 따라 달라지고, 각 혈액형의 특성이 다른 모든 혈액형에서 고루 관찰되기도 한다. 또한 과학적으로 성격과 기질에 피가 영향을 준다는 근거가 없는데도 문화적 접근성 때문인지 한일 양국 사람들만이 자주 따지는 이야기가 되면서 거의 기정사실로 통하고 있다. 서양 사람들이 출생월로 별자리를 따지는 것과 비슷한 것으로 이해할 수는 있을 듯하다.

3

혈액형은 성격보다는 질병 유형과 조금이나마 더 관련이 있다고 한다. 혈액형에 따라 걸리는 병의 종류가 비슷하게 나타나는 연구 및 통계 결과도 있다는 것. 그렇게 보면 A·B·O 등의 전형적인 분석까지는 아니어도 피의 성분이 기질과 아주 무관한 것은 아니라고 볼 수 있는 부분도 있는데, 한자에는 혈기血氣, 다혈질多血質 등의 말이 있으므로 피의 성분에 따라 약간의 기질 차이는 생긴다고 여길 수도 있을 것 같다.

동양의 의학이나 철학은 눈에 드러나는 부분만 중요시하지 않는다.

그래서 눈앞에 태어난 아기도 생겼을 때부터 계산하여 '한 살'로 치는 등 눈으로 확인할 수 없는 체질과 피에 관한 통찰력도 조금은 발달하지 않았을까.

그러나 그 이상의 의미를 부여하며 피의 타입에 관하여 맹신하는 것은 크리스천이 된 후에도 날과 때와 해를 지키는 것 못지않게 초등 원리를 따르는 일일 것이다(갈 4:9). 혈액형에 따라 사람에 대해 지나친 편견을 갖거나 생각의 틀에 갇히는 일은 어리석은 것이다.

게다가 이것 때문에 자신과 상대방의 사랑 문제를 곡해하거나 어렵게 만드는 일은 없어야겠다. 서로 안 맞는 이유를 찾기 위해 혈액형 탓을 한다든지 그런 일은 없어야 한다는 말이다.

단 몇 개로 나뉘는 혈액형으로 복잡한 사랑을 파악하고 성격을 알 수 있을까. 그 모두가 자신의 의무를 게을리하고 책임을 회피하기 위한 핑계거리에 불과한 것이 아닌가.

피는 단 두 종류뿐이다. 죄에 의해 부패한 인간의 피와, 속죄하는 능력이 있는 예수 그리스도의 피가 그것이다. 피가 성격을 결정하는지는 분명하지 않지만, 그것이 생명 그 자체임은 분명한 사실이다(레 17:11, 14). 그래서 부패한 피 때문에 인간은 죽는 것이다. 그러므로 이 사실을 인지하여 부족한 인간의 성품과 죄악성을 인정하고, 하나님 앞에서 겸손하게 살아야 할 것이다.

A형이든 B형이든 우리는 모두 죽는다. 그 사실을 아는 것이 혈액형을 아는 것보다 더 중요한 일이다. 육신의 장막을 벗고 부활의 새로운

몸을 갖게 되는 그날까지, 혈기를 다스리고 서로 인내하며, 또 사랑하고 섬기며 주님 보혈의 생명력을 의지해야 한다. 부실한 사랑도 혈액형 탓을 하지 말아야 한다.

　이제 혈액형에 관한 모든 오해를 풀고, 좋은 점은 더 좋게, 나쁜 점은 쿨하게 인정하면서 담백하게 사랑하고 서로 아껴주면 된다. 불필요한 고정관념과 프레임은 건강한 사랑과는 어울리지 않는 것이다.

성급함은 사랑을 그르친다

1

    언제부터인가 힘든 것이나 분노를 견디는 일은 어리석고 손해가 나는 일이 돼버렸다. 너무 참으면 병이 된다는 말도 일리가 있는 이야기지만, 세상에서는 참지 말고 발산하라든지, 분노하지 않는 이성이 불합리한 세상을 가져오는 것이니 분출하고 폭발시키라는 식의 메시지들을 무분별하게 많이 들을 수 있다.

    물론 항거하고 외치고 개선하는 일은 중요하다. 그러나 인내의 미덕까지 폄하해서는 안 된다. 요즘 우리의 삶을 보면, 조금만 춥거나 더워도 아우성이고, 도무지 기다리지 못하는 조급증이 만연돼 있다. 이것은 스피드 시대를 추구한 인간이 맞닥뜨릴 수밖에 없는 인과응보의 현실인데, 욕정과 분을 참지 못해서 생기는 수많은 악한 범죄들과도 직면할 수 있음을 인간이 늘 간과한 결과라 하겠다. 망각에 있어서도 그야말로 스피드 시대이다.

    부부생활과 연애에도 참는 일은 많이 줄었다. 지금 이 시대에는, 그 옛날 일주일씩 기다려서 받는 우체국 소인 찍힌 편지나, 갑자기 급한 일이 생겨 약속장소에 못 나가면 하염없이 기다리다 나중에 집에 가서나 겨우 통화로 확인하고 다음 만남을 기약하는 느린 데이트, 공중전화

박스 앞에서 한참을 기다려 전화를 했지만 집에 없어서 통화를 못하고 발길을 돌리는 아쉬움 같은 것들은 옛날 배경의 영화에나 등장하는 비현실적인 일이 되었다.

그러나 그때는 지금보다 상대방을 더 진지하게 이해하던 시기가 아니었을까…. 스마트폰으로 문자를 보내고 수분 내에 답이 안 오면 답답해서 재촉하고, 약속장소에 나타날 때까지 계속 전화와 문자를 주고받는 이 시대와는 달리, 기다리고 참고, 또 다음을 기약하는 그 여백에 상대를 향한 그리움과 애틋함이 채워졌었다.

2

사랑의 안정적 결실에는 인내가 필수다. 인내하지 못해서 생기는 연인 사이의 다툼은 비일비재하다. 사랑싸움은 상대방이 미워서 하는 것이 아니라 서운함이나 원망, 나에 대한 소홀함 등이 원인이다. 이런 감정들은 가까이서 계속 부대끼면서 추궁하거나 작은 문제가 생길 때마다 다툼을 일으키면 해결되지 않는다. 둘 중 누군가는 기다리고 참아줘야 일이 해결된다.

조금 지나면 오해가 풀릴 일도 긁어 부스럼 만드는 일이 연인이나 부부 간에는 무척 많다. 더러 싸움도 필요하지만 호미로 막을 일을 가래로 막는 불필요한 낭비나 손실은 잠깐의 화를 참지 못해 터뜨리는 분노, 마음속에 떠오르는 비난을 자제하지 못해 험한 말을 내뱉는 경솔함, 얼마간의 시간을 기다리지 못해 마음을 바꾸면서 생기는 오해 때문에 많이 발생한다.

남녀 간의 이별도 결국은 그런 일이 발단이 되고 누적되어 곪아 터지는 경우가 대부분이다.

3

성경은 인내에 대해 여러 곳에서 가르치고 있는데, 그 중 다음 말씀은 성도의 덕목에 관한 것이지만, 연애와 남녀관계에 그대로 적용해도 무방하다.

"그리할 뿐 아니라 우리가 환난도 기뻐하나니 환난은 인내를, 인내는 체험을, 체험은 소망을 이루는 줄 우리가 아노라." 롬 5:3-4

남녀 사이의 환난과 고통은 시시각각 다가온다. 이럴 때는 감정적 대처보다 인내가 필요하다. 인내하고 견뎌보면 오해도 풀리고 관계도 개선된다. 이런 성공의 경험들이 서로의 노력으로 이루어지는 체험을 하게 된다. 이를 통해 두 사람은, 우리도 잘 지낼 수 있구나, 오래도록 함께해도 행복할 수 있겠구나 하는 소망을 가지게 된다.

성급함은 사랑을 그르친다. 섣부른 고백이나 한 템포 쉴 줄 모르는 분노, 자초지종도 듣지 않고 오해해버리는 경솔함… 이런 것들이 사랑을 갉아먹는 요소가 되고, 그것은 결국 이별과 큰 상처로 이어지게 된다. 로미오와 줄리엣의 가장 큰 비극은 어쩌면 두 가문의 불화가 아니라, 마지막 장면에서 최면제를 먹고 잠든 연인을 보고 바로 자살하는 로미오의 성급함인지도 모른다. 그렇게 그들은 사랑의 결실을 앞두고 모든 것을 날려버렸다.

사랑의 위기가 다가올 때, 감정의 폭풍우가 몰려올 때, 사랑에 대한 투자라 생각하고 '시간'이라는 묘약을 조금만 사용하라. 연인이나 배우자를 위해 시간을 할애해 줄 수 없다면 우리의 사랑은 정말 하찮은 것이다. 무언가 풀리지 않아 답답할 때면, 잠깐 멈춰 서서 고통의 시간을 인내하며 사랑하는 이를 깊이 돌아보라. 정말 아무것도 아닌 일로 왜 그토록 성급했는지…. 후회할 때면, 이미 당신 곁에 그 사람은 없을지도 모른다.

사랑은 언제나 오래 참고…

• 오래전 한 군인이 사랑하는 연인을 두고 입대했다. 군대에서의 하루는 사회에서의 한 달처럼 길었다. 억지로 단절된 연인을 향한 그리움에도 그저 참는 것밖엔 도리가 없었다. 시간이 흘러 두어 번 면회를 왔던 그녀…. 혼자인 것을 견디지 못했던 그녀는 놀랍게도 다음 번 면회에 새 남자친구와 부대까지 찾아와서 이별을 통보하고 갔다. 탈영을할 수도 없고, 따질 수도, 화를 낼 수도 없는 길고 긴 병영생활 내내 그저 참는 일뿐이었다.

• 사랑하는 남자와 관계가 서먹해지던 어느 날, 그가 이제는 좋은 친구로 남자고 제안한다. 얼떨결에 그러자고 했다. 싫다고 말하고 싶었지만 그건 곧 이별을 의미했기 때문에 그럴 용기는 없었고, 그렇게라도 모임 안에서 그를 보지 않으면 못 살 것 같았다. 그 뒤로 친구 사이가된 두 사람. 남자는 멀쩡했다. 오히려 해방감을 느끼는지 더 활기가 넘쳤고 다른 여성들과도 잘 지내며 아무렇지 않게 그녀에게 인사를 건네곤 했다. 사실상 친구도 무엇도 아닌 이별이었다. 하지만 그마저 놓아버리면 그녀는 멀리 떠나야만 했기 때문에 그 상황을 견디는 수밖에 없었다. 매일이 길고 긴 아픔의 연속이었다.

• 연인과 헤어졌다. 어쩌다 보니 헤어졌고, 헤어지는 게 정답이라는 것을 알지만 견디기가 어렵다. 우연을 가장한 만남을 기대하며 익숙한 거리를 배회하고, 다시 연락이 올까 싶어… 아니, 먼저 연락을 해볼까 싶어 하루에도 수백 번 전화기를 만지작거리지만 결국 그냥 멍하니 기다린다. 하루가 무척이나 길다.

• 그의 아내는 동네에서 좀 놀던 인기녀였고, 여러 남자들을 사귄 경력이 있었다. 그 남자들 중 남편의 친구이거나 선배인 사람들도 있었다. 그가 총각 때 술자리에서 동네 남자들이 늘어놓던 무용담 속에서 그녀는 안주거리였고, 그 덕분에 화려한 과거도 알게 됐지만 사랑하기 때문에 결혼했다. 아내가 된 그녀와의 평범한 일상 중에도 남자는 가끔씩 천진난만한 아내를 물끄러미 바라보다가 문득 바람을 쐬러 나가 담배를 태우며 혼자 걷다 집으로 돌아와 다시 속 모르는 아내를 향해 웃어 주곤 했다. 그 혼자서 견뎌야 하는 일이었다.

• 오늘은 이별했지만 너무나 빨리 다른 길을 선택한 그녀의 결혼식이다. 오늘만이라도 깊은 잠에 들었다가 하루를 그냥 건너뛰고 깨어날 수 없을까.

• 짝사랑하는 그가 연인과 데이트 중이다. 내가 갖기 위해 그가 헤어지기를 바랄 수는 없다. 지금 할 수 있는 건 이 시간이 빨리 지나가기를 기다리는 것뿐….

이 이야기들은 주변 지인들에게서 들은 상황이다. 우리가 사랑을 말할 때는 온갖 수식어로 표현할 수 있겠지만, 그런 화려함과 반짝임은 사실 사랑의 극히 일부분일 뿐이다. 나머지 대부분은 인내하는 것이 사랑이다. 위와 같은 사연이 아니어도 결혼생활과 연애는 모두 인내 없이는 유지되지 않는다. 당장 틀어버리고 싶지만 참고, 보고 싶어도 견디고, 한 번 더 기다리며 용서하고, 용서가 안 돼도 그대로 있는 것…. 이런 것이 사랑의 시간 중 많은 부분을 차지한다.

인내를 거부하는 사람은 연애나 결혼을 하면 안 된다. 그건 애초에 불가능한 일이다. 사랑을 시작하면 사람은 거기에 매이게 된다. 그것은 다른 말로 희생일 것이다. 그것을 기꺼이 감당할 사람만이 사랑을 해야 하는데, 기쁨과 즐거움만을 좇으면 사랑이 가벼워진다. 참고, 참고, 또 참으며 기다려야 한다.

하나님은 사랑이시므로 등 돌린 인간을 향해 예수님을 보내셨다. 예수님도 인간을 사랑하는 마음으로 아버지의 계획에 순종해 인간을 위해 인간이 되셨다. 그 길은 오랜 인내를 거쳐 다시 십자가에서의 긴 하루를 지나 오늘날까지 이어지고 있다. 하나님의 사랑이 크다는 사실은 우리처럼 말도 안 되는 자들을 향한 '인내'로 알 수 있는 것이다. 이처럼 주님은 처참한 인간들도 심판하지 않으시고 참고 기다리신다. 예수님은 그 고통을 참아가며 오직 인간을 위해 죄를 제거하셨다. 그리고 그것을 인정하고 믿기만 해 달라며 오늘도 오래 참고 기다리신다.

예수님은 그 길을 기쁨으로 가셨고, 오늘 우리에게 당당히 말씀하신다. 사랑은 인내를 뺀 나머지의 빛나는 부분만이 아니라 그 전 과정이라고 말이다. 사랑하지 않는다면 인내는 불가능하기 때문이다. 우리가 사랑의 근원이 되시는 하나님으로부터 사랑을 배운다면 마땅히 인내를 함께 배워야 한다. 인내의 지루함과 고통마저 끌어안을 수 있다면 그제야 우리의 사랑이 탐욕이나 소유욕이 아닌, 한 자락이나마 하나님으로부터 나온 종류의 사랑이라고 말할 수 있을 것이다.

우리는 사랑에 대해 많은 선입견과 자기만의 이미지로 정의를 내리고 있다. 사랑은 아름다운 것, 낭만적인 것, 정열적인 것…. 그 말도 틀린 것은 아니지만, 사랑에 관한 가장 유명한 성경 말씀인 고린도전서 13장은 가장 먼저 사랑을 이렇게 정의하고 있다.

사랑은 언제나 오래 참고….

여기 나오는 사랑은 러브 love가 아닌 채리티 charity, 즉 좀 더 넓은 범위의 숭고한 사랑을 말하지만, 남녀 간의 사랑도 이 안에 속하는 것은 분명할 것이다. 그래서 사랑은 가장 먼저 인내와 기다림이라고 말할 수 있지 않을까. 저 유명한 성경 구절이 '오래 참고'로 시작하는 이유… 분명히 있을 것이다.

성경에 이혼을 허용하는 구절이 있나?

1. 이혼, 처음부터 허락되지는 않았던 일

크리스천은 이혼율이 일반인들보다 낮긴 하지만 갖가지 갈등으로 이혼을 심각하게 고민하는 사람들도 있다.

이혼을 한 크리스천들에 대해 신앙을 이유로 비난할 자격은 아무에게도 없다. 많은 부부가 이혼을 생각해 볼 정도로 큰 위기나 사소한 분쟁, 이견이 있을 것이니 실행에 옮기지 않았다고 해서 그들보다 낫다고 할 일도 아니다. 사회적 이목과 목회자라는 이유 등으로 억지로 살거나 서류만 그대로 두고 따로 사는 이들은 더욱 위선적일 수도 있다.

많은 갈등, 특히 종교 문제로 심각하게 이혼을 고려하는 이들이 있을 텐데, 그들은 과연 하나님이 이혼을 허용하시는지, 성경에 그런 이야기가 있는지 궁금할 것이다. 내 주변의 어떤 여성은 남편이 새로 다니게 된 이상한 교회 목사가 이혼하라고 압력을 넣으면서 불화가 시작되었다고도 한다. 물론 그런 목사는 이단이겠지만 그도 성경을 가지고 말한다는 것이 문제다.

일단 구약성경의 율법에 '이혼 증서'에 관한 이 말씀들이 나오는 것은 사실이다.

남자가 아내를 취하여 그녀와 결혼한 뒤에 그녀에게 어떤 부정함이 있음을 발견하였으므로 그녀가 그의 눈에 호의를 얻지 못하거든 그는 그녀에게 이혼 증서를 써서 그녀의 손에 주고 그녀를 자기 집에서 내보낼 것이요, 그 여자는 그의 집을 떠나 나가서 다른 사람의 아내가 될 수 있느니라. 그런데 나중의 남편도 그녀를 미워하여 그녀에게 <u>이혼 증서</u>를 써서 그녀의 손에 주고 그녀를 자기 집에서 내보냈거나 혹은 그녀를 아내로 취한 나중의 남편이 죽었으면 그녀가 몸을 더럽힌 이후에 그녀를 내보낸 그녀의 이전 남편이 그녀를 다시 아내로 취하지 말지니 그 일은 주 앞에 가증한 것이니라. 너는 주 네 하나님께서 네게 상속 재산으로 주시는 땅으로 하여금 죄를 짓지 못하게 할지니라. 신 24:1-4

하지만 예수님은 이 모세의 율법에 대해 말씀하셨다.

그들이 그분께 이르되, 그러면 어찌하여 모세는 <u>이혼 증서</u>를 주어 그녀를 버리라고 명령하였나이까? 하니 그분께서 그들에게 이르시되, 모세가 너희 마음이 강퍅하므로 너희 아내를 버리도록 너희를 허락하였으나 처음부터 그것은 그렇지 아니하였느니라. ^{마 19:7-8}

그리고 이 질문과 답 이전에 남녀 관계에 대한 처음의 창조 섭리를 그들 유대인에게 말씀하셨다.

그분께서 대답하여 그들에게 이르시되, 처음에 그들을 만드신 분께서 그들을 남성과 여성으로 만드시고 말씀하시기를, 이런 까닭에 남자가 아버지와 어머니를 떠나 자기 아내와 연합하여 그들 둘이 한 육체가 될지니라, 하신 것을 너희가 읽지 못하였느냐? 그런즉 그들이 더 이상 둘이 아니요, 한 육체이니 그러므로 하나님께서 짝지어 주신 것을 사람이 나누지 못할지니라, 하시거늘. ^{마 19:4-6}

물론 예수님이 계시던 이때도 구약시대이다. 십자가 사건을 전후로 구약과 신약이 나뉘며 새롭게 열린 교회시대 이후로 이방인을 포함한 신약 성도들은 여러 가지 다른 지침들을 받게 된다.

이것은 십자가 사건 이전의 예수님 말씀이 그런 지침과 모순이 된다거나 그 말씀들의 효력이 없어진다는 의미가 아니라 구약 유대인을 향한 하나님의 경륜과 신약 교회에 대한 경륜이 다르다는 것이다. 당연히 권리와 의무도 다르다.

이런 개념을 뒤죽박죽 이해하고 적용하면 많은 오해와 문제가 발생한다. 이혼장만 써 주면 끝이 아니라는 거다.

2. '갈리게 하라'와 '떠나게 하라'의 차이

그런데 고린도전서에 이혼에 관한 말씀이 있긴 있다. 믿지 않는 배우자, 즉 신앙이 서로 맞지 않는 사람과는 이혼할 수 있다는 뜻이라고 해석하여, 권장까지는 아니지만 부득이한 경우에 가능하다고 가르치는 경우다. 우선 문제의 고린도전서 7장 15절 상반절을 먼저 개역개정 성경으로 본다.

"혹 믿지 아니하는 자가 갈리거든 갈리게 하라 형제나 자매나 이런 일에 구속 받을 것이 없느니라…."

갈라서게 되면 갈리게 하라고…? 정말 이것이 이혼을 허용하는 말씀일까?

그렇지 않다. 물론 궁극적으로 우리에게는 모든 자유가 있다. 성도라면 하나님의 뜻을 따라야 하고, 악한 길로 고의로 갈 때는 징계를 받게 되지만 말이다. 그런 차원에서는 이혼도 가능하다 할 수 있다.

모든 것이 나를 위해 적법하나 모든 것이 적절하지는 아니하며 모든 것이 나를 위해 적법하나 모든 것이 세워 주지는 아니하나니. 고전 10:23

다만 이 말씀처럼 가능한 모든 일이 유익하지는 않은 것이다. 그런데 고린도전서 7장 15절 말씀을 제대로 번역한 것을 보면 의미가 조금 달라진다.

그러나 믿지 않는 자가 떠나거든 떠나게 하라. 형제나 자매나 그런 경우에 속박을 받지 아니하느니라. 그러나 하나님은 화평에 이르도록 우리를 부르셨느니라. 고전 7:15, 흠정역

이처럼 내가 주체가 되어 배우자를 버려도 된다는 문맥이 아니다. 배우자가 정 믿기 싫다면서 떠나기를 원할 때는 보내줄 수 있다는 이야기다. "갈리거든 갈리게 하라"는 말과는 그 주체가 사뭇 다르게 들린다. 갈리게 한다는 것은, 마치 교회나 제삼자들이 어떤 부부를 조율하고 판결하라는 식으로 들린다.

그런데 이 구절을 중심으로 7장을 잘 보면, 사도 바울은 최악의 상황을 말하면서 오히려 웬만해선 이혼을 하지 말라는 메시지를 전하고 있음을 알 수 있다. 고린도 교회는 문제가 매우 많은 교회였다. 이들에게는 험한 사례를 많이 말하면서 가르칠 수밖에 없었기 때문에 잘 새겨서 봐야 한다. 앞뒤 문맥과 강조점이 무엇인가? 이어지는 7장 16절에서는, 배우자가 하나님을 믿게 될지도 모르는데 꼭 보내야겠느냐고 묻는다.

오 아내여, 네가 네 남편을 구원할지 어찌 알 수 있으리요? 오 남자여, 네가 네 아내를 구원할지 어찌 알 수 있으리요? 고전 7:16

생명은 천하보다 귀하며, 우리 주님은 잃은 양 한 마리를 애타게 찾으시는데, 이미 구원받은 성도인 여러분이 한 영혼을 위해 남은 인생을 투자할 가치가 없겠느냐, 이렇게 묻고 있는 것이다.

3. 끊어질 수 없는 관계를 예표(豫表)하는 결혼

구약의 대언자 호세아는 창녀인 고멜을 끝까지 사랑하라는, 어찌 보면 부당해 보이는 하나님의 지시를 받는다. 물론 호세아는 그 명령을 안 따라도 구원을 못 받거나 죽임을 당하지 않지만, 하나님은 호세아와 고멜을 통해 하나님과 그분의 아내인 이스라엘의 관계를 상징하는 것이다. 이는 그리스도와 성도들, 즉 그분과 정혼한 '한 처녀(신부)'인 교회시대 성도의 관계와 원칙이 비슷하다.

지금도 이스라엘은 남편인 하나님을 잊고 음탕한 고멜처럼 살고 있지만 하나님은 그들을 내치시지 않는다. 신약 성도들도 불성실하다는 이유로 구원을 잃지 않는다. 어떤 면에서는 불공정한 약속이다. 결혼도 공정하고 평등하기만 한 것은 아니다. 결혼은 누군가의 희생으로 유지되고 인내로 완성된다. 고멜과 호세아, 구약 성도와 하나님, 성도들과 예수 그리스도의 이야기는 이런 원리들을 담고 있다.

고린도전서 7장은 15절의 잠깐 언급을 빼면 다 이혼하지 말고 한 몸으로 잘 살라는 권면이다.

믿지 않는 남편은 아내로 말미암아 거룩히 구별되고 믿지 않는 아내는 남편으로 말미암아 거룩히 구별되었나니 그렇지 않으면 너희 자녀들도 부정하였을 터이나 이제 그들이 거룩하니라. 고전 7:14

믿지 않는 사람도 믿는 사람과 결혼하면 거룩히 구별되는 것이라는 이 말씀은 부부가 한 몸이라는 원리가 신자가 불신자와 결혼을 해도 예외가 아니라는 하나님의 원리를 보여 준다고 할 수 있다. 하나님이 사람보다 중요하기 때문에 하나님의 일에 걸림이 되거나 교회에 방해가 되면 이혼할 수도 있다는 것은 하나님의 방식이 아니다. 한마디로 하나님이 요구하시거나 허용하시는 이혼은 전혀 없다. 그런 상대면 결혼 전에 만나지 않기를 바라시겠지만, 이미 결혼한 뒤에는 결코 나뉘는 것을 기뻐하시지 않는다는 것이다.

크리스천도 이혼을 하게 될 수 있다. 치명적인 범죄나 부도덕, 폭행은 물론 의심증 같은 정신질환 등 도저히 함께 살기 어려운 케이스도 있으며, 부부간의 일은 아무도 알 수 없으므로 섣불리 욕하거나 비난해서도 안 된다. 우리가 다른 일에 있어서도 완벽하게 살지 못하는 것처럼 결혼생활도 뜻대로 되지 않을 수 있다.

다만 이혼을 할 때 믿음을 이유로 내세우거나 성경에도 이혼을 허용하는 구절이 있다고 말해서는 안 되며, 이혼을 허용할 만한 더 큰 목적이 있다고 주장하는 것은 가정을 허락하신 하나님의 원리에 위배됨을 알고 용납하지 말아야 한다.

하나님이 만들어주신 최초의 공동체를 해석하거나 이용하는 것을 보면 그 집단의 건전성을 알 수 있다. 얼굴도 모르는 사람과 집단 결혼을 시키고 일정 기간 동안 잠자리도 금지시킨다든지, 툭 하면 반대하는 배우자와 이혼하고 자기네 종교단체에 전념하라는 등의 강요를 하는 간교한 이단에 속지 말아야 한다.

결혼이 흔들리는 세상이지만, 지금 심각하게 이혼을 고민하고 있더

라도 한 번 더 생각하고, 영혼을 불쌍히 여기는 마음으로 어제와 오늘
이 한결같은 하나님의 뜻과 그분의 위로를 바라보면 어떨까….

하나님의 뜻을 존중하는 자를 존중하시는 하나님의 은혜가 반드시
함께할 것이다.

누군가의 마음에 들기보다는 싫어하는 일을 하지 않는 것이 더 효과적일 때가 있다. 상대방의 마음에 들기를 원하면서 반대로 행동하는 일은 없어야 하지 않을까. 시대가 아무리 바뀌어도 사람들이 싫어하는 일은 비슷한 것 같다. 남자와 여자, 어떤 사람을 싫어하고 멀리할까?

남자들이 싫어하는 여자 유형

뭔가 문제가 있는 남자들은 주변에 이성적으로 접근하는 여자가 별로 없는 반면, 여자는 문제가 좀 있어도 조금만 예쁘면 주변에 남자들이 많다. 어찌됐든 일단 가져보려는 남자들이 접근하기 때문이다. 하지만 그들 중 정말로 좋은 남자는 많지 않은 것 같다. 그렇다면 좀 괜찮은 남자들이 대체적으로 싫어하는 여자는 어떤 유형일까?

1. 사람을 안 가리는 여자

아무리 시대가 바뀌어도 너무 많은 남자를 쉽게 만나거나 그런 일 자체를 대수롭지 않게 여기는 여자를 좋아할 남자는 없다. 그렇게 사는 여자들도 그게 나쁜 줄 알고, 남자들이 싫어하는 것을 안다. 그래서 막 나가는 여자들도 새롭게 연애를 시작할 때는 조신한 척하고 자기를 감추며, 과거와 사생활을 숨긴다.

웬만한 남자들이 어린 여자를 선호하는 이유는, 젊으니까 좋다는 음탕한 마음이라기보다 다른 남자들을 만났을 확률이 최대한 낮은 여자를 원하기 때문이다. 만일 어리고 무절제한 여자와 나이는 많아도 개념이 있어서 연애를 절제할 줄 아는 여자 중에서 고르라면 후자를 고를 남자도 많을 것이다.

2. 치장하는 것 외에는 모르는 여자

남자는 본능적으로 여자가 자기보다 잘나고, 더 벌고, 똑똑한 것을 힘들어한다. 하지만 너무 생각이 없어서 하루 종일 스타킹 펑크 난 이야기에 화장품 세일 소식에만 관심이 있고, '연예가중계'와 홈쇼핑 시청만을 일로 삼는다면 좋아할 리가 없다.

생각이 있고 지적 호기심이 풍부한 여자들은 이런 여자들과 있다 보면 그녀들의 건질 것 없는 대화에 시간이 아까워 진저리를 친다. 대체 연예인과 명품과 화장품과 남자 이야기 외에는 할 얘기가 그리도 없는지 모르겠단다. 가끔 책도 읽고 세상 정세도 알고 해야지, 매일 두뇌를 방치하는 여성들에게 진지하고 괜찮은 남자가 생길 리 없다.

3. 여성이기를 포기한(?) 여자

외모만 추구하는 여자도 문제지만, 여자이기를 포기하고 흐트러져 있는 여자도 남자들은 질색이다. 단장까지는 아니어도 어느 정도 몸가짐을 깔끔하게 하고, 바지런하게 스스로의 겉과 내면을 가꿀 줄 알아야 한다. 사시사철 민낯에, 무릎 나온 바지에, 너무나 털털한 스타일로 일관하는 여자는 남자뿐 아니라 어디에서도 환영받기 어렵다.

남자들은 시각적인 것에 크게 좌우된다는 것도 참고해야 할 일이지만, 자신을 품위 있고 단정하게 유지하는 습관은 모든 면에서 좋은 결과를 가져다 줄 것이다.

4. 자기를 인정해주지 않는 여자

남자는 자기에게 박수를 쳐줄 여자를 원한다. 만일 정말 사랑하는 남자가 있어서 그와 사귀고 싶다면 그를 높이고 칭찬하며 팬이 되어 보라. 반드시 효과를 거둘 것이다. 그만큼 남자는 칭찬과 존경에 약하다. 그래서 자기를 무시하는 여자, 남자를 우습게 생각하는 여자를 싫어하는데, 인격적으로는 당연히 남녀가 동등하지만 역할이 서로 다름을 인정하지 않고 사사건건 지지 않기 위해 남녀평등의 잣대로 재고 따지는 여자는 남자로 하여금 뒷걸음질을 치게 만든다.

5. 자존심 없는 여자

남자들은 일단 자기를 좋다는 여자를 마다하지 않고 관리하려 드는 편이다. 그러나 지나치게 자신을 내던지고 덤벼드는 여성에게 흥미를 느끼기는 어렵다. 인기 연예인들도 정당하고 적절한 방법으로 좋아하고 아껴주기를 바라지, 목숨 걸고 들이대는 사생팬은 스토커 이상으로 여기지 않고, 대놓고 말은 못해도 귀찮아하고 싫어한다. 과하게 새침할 필요는 없지만, 아직 그럴 단계가 아닌데 너무 온 몸을 던지면 남자들은 어리둥절하다. 그런 여성들과는 당장 같이 지낼지 몰라도 진지한 사랑이나 결혼 대상으로는 생각하지 않는다.

6. 까다롭고 피곤한 여자

남자는 여자가 자신을 어느 정도 챙기고 관리해주기를 원한다. 그러나 너무 사사건건 참견을 하거나 잔소리를 하면 점점 자신을 감추게 된다. 그리고 매우 피곤하다는 생각을 한다. 남자에게 여성은 쉴 만한 피난처이기 때문에 기대고 싶고, 다른 데서 받은 상처를 위로받고 싶어하는데 연인 앞에서까지 뭔가 지킬 것이 지나치게 많아지고, 오히려 룰이 더 생겨버리면 피곤하다고 생각할 수밖에 없다.

물론 너무 무관심하거나 뭘 하든 놔두고 질투조차 하지 않는 여자도 재미가 없겠지만, 작은 일에도 남자를 찾는 등 너무 성가시게 하거나 심한 잔소리로 들볶는 여자는 남자들이 좋아하지 않는다. 억지로 안되는 것이겠지만 식성도 까다롭고, 어른들 만나는 것도 싫어하고, 친구나 대인관계도 까다로운 여성은 힘이 든다.

남자들이 원하는 모든 것을 다 갖춘 여자는 없겠지만 무엇이든 너무 과하지 않고, 평범하면서도 나름의 매력을 지닌 여성을 보통의 남자들은 좋아한다. 말하자면 상식적이고 이상하지 않은 여자, 그리고 가정

교육도 잘 받은 마음씨 예쁜 여자가 환영을 받을 것이다.

남자는 여자의 전부가 아니다. 이런 요소들은 단지 남자를 위해서가 아니라 세상을 살아갈 때 지켜야 할 덕목들과도 겹치는 것이며, 여성들 자신에게도 필요한 장점이라고 하겠다.

여자들이 싫어하는 남자 유형

세상에는 사랑에 있어서 지혜로운 사람도 있지만 어리석고 서투른 사람도 참 많다. 그중에 가장 딱한 것은 어설픈 구애를 하는 남자들이다. 그들은 왜 여자에게 호감을 얻지 못할까. 왜 늘 여자를 찾아 헤매지만 변변한 사랑을 얻지 못하는 걸까?

현재 애인이 없는 남자는 어떤 문제가 있다는 이야기가 절대 아니다. 단지 젊은이들 중 일부가 이런 문제를 안고 있어서 안타깝다는 뜻이다. 연애를 잘 성사시키지 못하는 남자들의 특징은 다음과 같다. 이 중 한두 가지만 해당돼도 당신은 괜찮은 여자를 얻기가 쉽지 않을 것이다.

1. 여자면 다 된다는 남자

이런 남성들은 평상시 '아무 여자나 걸려라' 하는 마음 자세를 가진 부류다. 물론 대개의 남성은 이렇게 접근하는 게 사실이다. 여기저기 찔러봐야 상대도 알고 여자를 선택할 수 있으니까. 문제는 그런 마음을 들키는 것이며, 마음에 든 여자 이외에 다른 여자라도 항상 환영하는 넓은(?) 자세이다. '여자'를 찾지 말고 '사랑'을 찾아야 한다. 그리고 최소한 실패하든 성공하든 한 연애 사건 전후에는 다른 곳을 찌르지 말고 그 관계에만 집중해야 한다. 여기저기 기웃거리는 남자에게 구애를 받는다고 여성들이 기뻐할까? 그들의 마음을 읽는 순간, 그 대상 중 한 명이 됐다는 사실에 오히려 불쾌감이 들 것이다.

2. 매사에 우유부단한 남자

모두는 아니지만 대개 여자들은 추진력 있는 남자를 좋아하는 것이 사실이다. 의사표시가 명확하지 않은 우유부단함을 싫어한다는 것이다. 어느 정도 관계가 무르익으면 나와야 할 이야기가 적시에 나와 줘야 답답하지 않고, 이쪽에서도 반응을 보일 수 있다. 질질 끌다가는 여성이 흥미를 잃어버릴 수도 있다.

남자는 그 여자의 진로가 자기하고만 연관돼 있으리라는 착각을 버려야 한다. 여자에게도 수많은 변수와 또 다른 사람들과의 관계 등 복잡함이 얽혀 있다. 그들 중에서 적절한 타이밍에 표현을 하고 진전시킬 수 있는 남자가 여성에게 편안함을 준다.

3. 과도하게 저울질하는 남자

위와 비슷하게 너무 재는 남자다. 사랑을 가볍게 여기지 않는 신중함을 말하는 것이 아니라, 나서야 할 때 나서지 못하고 표현을 해야 할 시기에도 계속 질질 끄는 태도를 뜻하는 것이다.

정확한 의사표시를 하지 않고 간을 보듯 계속 떠보거나 우회적으로 만 표현하는 용기 부족은, 여자로 하여금 '이쯤 표현했으니 생각 있으 면 나한테 끌어달라는 거야, 뭐야?' 하는 생각이 들게 만든다.

그런 식으로 계속 서성대기만 하는 남자는 여자들이 딱히 거절할 명 분조차 없어 결국 비호감의 명단으로 분류된다.

4. 맺고 끊기가 안 되는 남자

연애뿐 아니라 모든 일에서 맺고 끊는 것을 잘해야 한다. 이것도 아니 고 저것도 아닌 태도는 곤란하다. 여성에게 거절을 당했다면 다음 기회 를 보더라도 일단은 깨끗이 물러나야 한다.

사람이 로봇이 아닌 이상 무 자르듯 모든 일을 처리할 수는 없지만, 일단락 지어진 후에도 술 취해 전화하고, 외롭다고 문자 보내고, 이런 행동은 여성의 짜증만 사는 일이며, 일보 전진을 위한 이보 후퇴의 전 략으로도 맞지 않는다. 여성은 자신이 거절했더라도 그 남자가 신경 쓰 일 수밖에 없는데, 매너 있게 행동을 해야 다시 한 번 생각하게 된다.

5. 성급하고 경솔한 남자

박력 있는 남자가 좋다고 해서 무작정 속성으로 결판 지으려는 태도 는 여성들이 좋아할 리 없다. 간혹 남자들 중에는 정식 고백을 해서 '예 스냐 노냐' 답을 달라든지, 삼각관계일 때 "나야, 걔야?" 하는 식으로 담판 짓는 것을 남자다운 화끈함으로 오해하는 경우가 있는데, 이것 은 여성에 대한 배려가 부족한 행동이다. 사랑이 무슨 협상도 아닌데

"난 네가 좋은데, 넌 어때? 싫으면 말고." 식으로 느껴지는 성급함은 진지함의 결여로 비칠 수 있다. 여성의 입장에서는 존중받고 있다는 느낌을 받기 어렵다. 매너 없는 박력은 무례함과 다르지 않다.

6. 여자를 모르는 무매너로 무장한 남자

남자들은 여자에 대해 다 알 수가 없다. 그래도 지킬 것은 지켜야 한다. 친밀감을 표현한다며 호감 있는 여성에게 괜한 스킨십을 시도하는 등의 어설픈 행동은 오히려 여자들의 혐오감을 부추길 수 있다. 단순한 친구라도 남녀 간에는 지킬 것이 있는데, 만일 그녀의 지인에서 남자로 갈아타고 싶다면 더욱 존중하고 선을 지켜야 한다. 그것이 전략적으로 여성의 호감을 부를 수 있다기보다는 사랑하는 여자라면 더욱 인격적인 자세로 임하는 것이 옳다는 뜻이다.

무례함과 친밀감을 구분하지 못하면 그 연애는 시작된다 해도 얼마 가지 못한다.

7. 허세에 절은 남자

어떤 남자들은 남들보다 약간 나은 능력이나 지식 등을 내세우며 다른 남자들보다 두각을 나타내기 위해 애쓰기도 한다. 하지만 이런 허세는 그가 실제로 군계일학이라 해도 보기 안 좋은 모습이다. 진짜 능력은 겸손에서 나오기 때문이다. 재능이나 능력도 남들에 의해 자연스럽게 나중에 발견돼야 더 가치가 있는 법이다.

이런 남자를 좋아할 여성은 많지 않다. 사랑은 마라톤이다. 먼저 치고 나가면 1등 하기 어렵다. 너무 뒤에 있어도 마찬가지다. 1위는 항상 2위 그룹에서 묵묵히 뛰던 선수가 기회를 보다가 스퍼트를 올릴 때 선두로 올라선다.

8. 연애를 학원에서 배운 듯한 남자

자기 세계가 없는 사람은 지루하고 재미가 없다. 억지로 여성에게 다가가고, 사귀는 과정을 마치 학원에서 배운 듯 판에 박힌 순서에 따라 무슨 무슨 '데이'를 지키고, 만난 지 며칠 되면 무엇을 하고, 이런 식의 천편일률적인 태도로는 감동과 특별함을 줄 수 없다. 또한 앞으로의 지루함이 예상되기 때문에 설렘도 없다. 사랑은 특별한 능력으로 하는 개인기가 아니라 진심과 성의다. 대단한 것만이 상대방을 감동시키는 것은 아니므로 진솔함을 보이는 것이 더 나은 방법이 될 것이다.

기타 본문에도 썼던 집착남이나 폭력적인 남자 등도 당연히 여성들의 호감을 얻기 어렵다.

아무리 세태가 바뀌어도 사랑은 진실한 마음으로 하는 것이다. 그러나 요즘 일부 젊은이들에게는 왠지 진정성이 조금 결여된 느낌이 든다. 개방적인 세상의 물결은 크리스천 청년들에게도 똑같이 영향을 미치고, 무방비로 노출된 그들은 세속의 쓰나미를 이겨낼 힘이 없어 보인다. 남성들은 이런 환경을 딛고, 진지하게 장기적인 사랑과 그 결실을 꿈꾸어야 한다.

남성들이여, 연인이 잘 생기지 않는다면 그 원인을 심사숙고해 보라. 그리고 정말로 멋진 남자가 되라. 인간적인 매력보다는 깊고 원숙한 매력, 빠르게 변하고 쉽게 잊히는 세태 속에서도 빛날 수 있는 그런 사람이 되라.

그 방법은 결국 내면을 가다듬고 스스로의 경쟁력을 높이는 것이 아닐까. 정의롭고 바른 사람, 자기 할 일을 충분히 해내는 사람, 일의 우선순위를 아는 사람, 여성을 존중할 줄 아는 사람, 그리고 '사랑'에 대해 깊이 고민하는 사람이 된다면 당신의 연애 경쟁력은 한껏 높아질 것이다.

Simple Love

　　　　　　사랑과 연애는 글로 체득할 수 없다. 그렇다고 늘 실습으로만 배울 수 있는 것도 아니다. 어떤 탁월한 연애 상담사도 자기 일에는 서투를 수 있는 것이 연애와 사랑이기도 하다. 하지만 사고하고 고민하지 않으면 성숙한 사람이 될 수 없듯이, 하나님의 말씀과 사색을 통해 일생에서 가장 중요한 연애와 결혼에 대해 생각하고 정립해 나가는 일은 중요하다.

　본문의 글 중에 장모와 아내의 밀착된 관계를 다룬 칼럼을 블로그에서 본 독자 한 분이 그런 말을 했다. 자기 상황과 비슷해 공감이 돼서 한 글자 한 글자 정독했다면서, 바로 그런 문제 때문에 먼 나라로 이민까지 가게 됐다는 것이었다. 지금은 멀리서 친정 부모님을 자주 못 뵙는 불효를 저지르고 있지만 이민이라도 안 갔으면 이혼이라는 더 큰 불효를 저질렀을지 모른다고….

다가올 문제점들을 간접 경험으로 미리 인지하는 것이 해결에 매번 결정적 도움을 주는 것은 아니겠지만, 다양한 문제를 알고 각오하며 대처하는 것은 중요하다. 대개의 연인들이 열정으로 연애를 할 때는 푹 빠져서 정신없이 즐기기 바쁘고, 사랑이 있으니 무엇이든 다 잘될 거라는 생각으로 결혼을 한다. 혹은 여건이 어려우니 세상 사람들처럼 적당히 연애만 하면서 한 세상 살아 보려고 하는 이들도 많다. 하지만 돌아보면 사랑도, 연애도, 결혼도, 출산도 모두 조금만 더 알고 조금만 더 진지하게 준비했더라면 오늘날 많은 부부와 아이들이 겪는 난관이나 고통, 그리고 비극은 많이 줄어들지 않았을까 생각할 수밖에 없다. 이 책이 작은 역할을 한다면 좋겠다.

글을 쓰면서 늘 느끼는 것은, 의외로 많은 이들이 사랑 때문에 아파하고 상처받으며 지쳐 있다는 것이다. 세상은 많은 신조와 유행을 결혼과 연애에 끌어들여 질서를 깨고 해방감을 느끼면서 자기들 방식의 사랑을 하려고 한다. 그러나 하나님의 섭리를 깨면 깰수록 인간은 더욱 외로워지고 슬퍼지며, 고독해질 것이다.

우리의 사랑은 왜 자주 불행에 빠질까. 그것은 우리에게 너무 많은 기대가 있어서는 아닐까. 수많은 세속적 욕망과 안목의 정욕, 그리고 주어지지 않은 몫까지 차지하려는 욕심을 부추기는 많은 속삭임에 넘어가 우리 스스로 불행에 빠지거나 불행하다고 여기는 것은 아닐까? 인생을 적당히 가지치기하지 않으면 양분이 한 곳으로 모이지 않듯이 행복한 삶에 집중하지 않으면 어디에도 행복이 없는 상태가 될 수가 있다. 삶의 패러다임이 욕심으로 복잡해지면 행복도 실종되는 것이다.

「심플 러브」Simple love라는 노래가 있다. 이 노래를 부른 앨리슨 크라우스Alison Krauss의 뮤비에는, 노래 가사와 비슷한 자기 어린시절 아빠와 엄마와 동생이 함께 등장하는 평범한 홈비디오가 나온다. 노랫말은 가수 본인이 아닌 자기 딸이 엄마와 외할아버지의 이야기를 들려주는 듯하다.

언덕 위의 노란색 아담한 집
그가 살고, 죽은 곳
일요일 아침이면 들리는 버드나무 스치는 소리

두 아이가 태어났고 아름다운 아내가 있었지
그 집과 일상이 그의 삶에 필요한 전부
아무것도 바라지 않고 언제나 주는 삶
나는 그런 단순한 사랑을 원해

나는 그런 단순한 사랑을 원해
마지막 순간에 뒤를 돌아볼 때
나도 그런 사랑을 가졌기를

우리 엄마는 그의 어린 딸이었어
그에게 돈이 많았다면 온 세상을 주었겠지
집 앞에 모여앉아 함께 부르던 노래
그 하모니가 너무나 그리워

나는 그런 단순한 사랑을 원해
아무것도 바라지 않고 언제나 주는 삶
마지막 순간에 뒤를 돌아볼 때
나도 그런 사랑을 가졌기를….

예수님을 기다리는 성도의 삶이, 천국을 소망한다는 삶이 얼마나 더 화려해야 하겠는가. 마지막 순간에 뒤를 돌아볼 때, 결국 우리에게 남는 건 가족들의 웃음과 작은 행복들, 그리고 함께 부른 노래의 하모니가 아닐까.

주님의 사랑은 복잡하지 않다. 모든 사랑은 단순한 것이다. 아무리 가난하고 부족해도 거의 모든 사람에게는 저런 심플한 사랑을 통해 행복할 권리와 여건이 주어졌다. 사랑이 힘들어진 것은 우리가 그것을 거부하고 눈높이를 높이면서 복잡하고 어려운 기준들을 만들어냈기 때문이다. 과하게 포장하고, 거창한 것을 바라고, 남과 비교하고, 가지지 못할 것을 약속하고, 자족할 줄 모르고… 그렇게 복잡해진 사랑은 모래알처럼 흩어져 손가락 사이로 서서히 빠져나가고 마는 것이다.

지나친 환상과 로맨스에서 빠져나와 소박하고 단순한 사랑을 노래할 때 우리는 때로 지루하고 밋밋한 시간들 속에서도 서로의 짐을 지며 참다운 행복을 퍼올릴 수 있을 것으로 여긴다. 가끔은 그 결과가 우리를 속일지 몰라도.

사랑은 영화나 드라마가 아니라서 더욱 가치가 있는 것이다. 꿈은 깨고 나면 끝이고, 영화는 크레딧이 올라가면 그 세계에서 나와 현실로 돌아가야만 한다. 허구에서 빠져 나오지 못한 채로 일상을 살고자 하면 실패하고 마음을 다치게 된다. 마치 「슈퍼맨」을 보고 나서 보자기를 두르고 높은 곳에서 뛰어내리는 아이처럼.

영화와 같은 기대를 가지고 사는 것도 반드시 나쁘지는 않을 것이다.

멋진 왕자와 공주를 기다리거나 사랑이 넘치는 일상을 꿈꾸는 것도 좋다. 문제는 그것을 사랑과 연애의 실체로 알거나 그런 로맨스만을 좇는 것이다. 드라마와 영화를 구분할 줄 아는 사람이 성숙한 사람이다. 그리던 사랑을 만나 함께하는 삶을 선택한 이후에는 모드를 바꿀 줄 알아야 한다. 계속 판타지의 플롯 속에 머물면 실망과 추락밖에는 없을 것이다.

연애도 결혼도 힘들다는 세상이라 꿈조차 꾸기 힘든 현실이지만, 사랑은 여전히 아름답고 기대로 가득한 판타지일 수밖에 없다. 그것을 현실로 만드는 것은 서로 견디고 용납하는 다큐와 같은 일상이다. 그것을 잘 이해하면 드라마틱한 사랑도 더욱 도드라지고, 평범한 삶도 소중하게 빛날 수 있다.

다큐는 때로 불편하다. 우리가 원하는 결론에 데려다주지 않기 때문이다. 사랑은 잔인하고도 비정하다. 잰걸음으로 따라가 보지만 쉽게 곁을 내주지 않는 사랑은 언제나 엇박자이고, 막상 붙잡아 돌려세우면 앞뒤가 다른 모습을 하고 있다. 그래도 포기할 수 없는 사랑! 완성할 수 없어서 더욱 애타는 사랑 때문에 오늘도 우는 이들에게 작은 위안이 있기를. 그리고 언젠가는 엔딩이 있는 영화보다도 멋진 리얼 다큐의 열린 결말 속에서 참 행복을 누리기를….

The End

사랑은 다큐다

초판 발행 2017년 6월 30일
초판 인쇄 2017년 6월 26일

지은이 김재욱
펴낸이 최영민
펴낸곳 헤르몬
인쇄처 미래피앤피

주   소 경기도 파주시 신촌2로 24
전   화 031-8071-0088
팩   스 031-942-8688
이메일 pnpbook@naver.com

출판 등록 2015년 3월 27일
등록 번호 제406-2015-31호

ISBN 979-11-87244-11-0

이 도서의 국립중앙도서관 출판예정도서목록(CIP)은 서지정보유통지원시스템
홈페이지(http://seoji.nl.go.kr)와 국가자료공동목록시스템(http://www.nl.go.kr/kolisnet)에서
이용하실 수 있습니다.(CIP제어번호: CIP2017013502)